新时代 新高考

——山东省新高考综合改革方案概析

周宏锐 吕冰彩 吴 健 著

中国海洋大学出版社

·青岛·

图书在版编目（CIP）数据

新时代 新高考：山东省新高考综合改革方案概析 /
周宏锐，吕冰彩，吴健著 . —青岛：中国海洋大学出版
社，2019. 12

ISBN 978-7-5670-2476-2

Ⅰ. ①新… Ⅱ. ①周… ②吕… ③吴… Ⅲ. ①高考—
教育改革—研究—山东 Ⅳ. ① G632. 474

中国版本图书馆 CIP 数据核字（2020）第 044863 号

出版发行	中国海洋大学出版社		
社　　址	青岛市香港东路 23 号	邮政编码	266071
出 版 人	杨立敏		
网　　址	http://pub.ouc.edu.cn		
电子信箱	zhanghua@ouc-press.com		
订购电话	0532 - 82032573（传真）		
责任编辑	张华	电　　话	0532 - 85902342
印　　制	青岛国彩印刷股份有限公司		
版　　次	2020 年 4 月第 1 版		
印　　次	2020 年 4 月第 1 次印刷		
成品尺寸	170 mm × 230 mm		
印　　张	10.5		
字　　数	200 千		
印　　数	1 ～ 3000		
定　　价	42.00 元		

发现印装质量问题，请致电 0532-58700168，由印刷厂负责调换。

　　高考，是普通高等学校全国统一招生考试的简称，是我国一项基本的教育招生制度，是国家选拔人才最主要的途径，关乎广大考生的命运与前途，关乎国家人才战略与社会稳定和发展。高考是我国高质量的教育评价测量工程，是高等教育选拔人才的平台，是最重要的公平竞争过程，也是衡量基础教育质量和发展水平的重要标尺，对整个教育体系具有重要的引导作用，不仅在国内教育领域具有至高的权威性，在国际上也具有很高的影响度，很多国家的大学均使用高考分数作为录取依据。

　　高考的精神是科学、公正、服务，高考的使命也随着社会的变革而不断演进。自我国1977年恢复高考以来，高考招生制度以适应时代对人才的需求、促进高考的有效性与公平性为目的，以公平、公正、公开的原则，随时代的发展不断地改革与完善，为广大学子成才提供了平等的竞争和发展机会，为国家选拔了近2亿名优秀大学生，为国家的现代化建设事业输送了一批批杰出的建设者。根据《国家中长期改革发展和规划纲要（2010—2020）》的目标要求，到2020年我国要完成由人力资源大国向人力资源强国的转变。新时代对高考的人才选拔以及高校的人才培养提出了新要求。2013年，党的十八届三中全会审议通过了《中共中央关于全面深化改革若干问题的决定》，明确提出推进考试招生制度改革。2014年9月，国务院发布了《国务院关于深化考试招生制度改革的实施意见》（国发〔2014〕35号），正式启动了自恢复高考以来力度最大的新一轮高考改革，于同年在上海、浙江进行试点；2016年，第二批试点的4省（市）正式启动；2018年，第三批8省(市)跟进。

2020年,第二批试点省(市)之一的山东省,将迎来新高考改革实施后的第一年高考。作为经济大省、人口大省、考生大省,山东省的高考改革具有代表性意义,山东省新高考方案包含很多创新内容和举措,对推进新高考改革将做出代表性贡献。了解新一轮高考改革的背景、理念、内容,解析山东高考改革方案,这对2020年新高考首届考生、家长以及学校有很大的帮助。

山东省教育科学"十三五"规划2019年度重点资助课题"教育招生考试数据分析应用研究"课题组的成员,对新高考改革的国家文件精神和各省(市)实施方案,特别是山东省实施方案,进行了长期的跟踪研究,也进行了大量的数据实验分析。作为课题研究的阶段性成果,这本书以山东省新高考方案为研究对象,采取文献法、比较法、案例法、大数据分析等方法,对国外主要发达国家的招生考试制度进行了梳理,回顾了我国高考改革制度的发展历程,聚焦新一轮高考改革国家框架下的山东省新高考方案,从测量学角度介绍了山东省等级分数转换模型,并对高考改革下的考试招生、高校专业选科要求、志愿填报、多元录取等进行解析,从国际、国内考试变革发展的脉络着手,从山东省新高考方案的架构体系和政策要点出发,以更广阔的视野、更多元的视角来解析新高考改革,使高考的相关者能够深度了解高考改革的重大意义和具体举措。

高考改革,是一项系统性的社会工程,也是一项技术性的科学工程。任何改革都会遇到新挑战,需要社会、教育管理者以及考生、家长、教师群策群力,共同去面对,也需要全社会的包容、呵护。在2020年山东省新高考即将实施之即,愿这本书能够有助于大家接近新高考,透视新高考,探求新高考。

华南师范大学　张敏强
2019年12月

>> CONTENTS 目录

➡ 第一部分 新时代发展形势下的新高考改革 | 001

一、高校考试招生发展情况 | 002

二、新高考改革方案的框架 | 024

三、新高考改革实验区情况概述 | 034

四、新高考改革取得的初步成果 | 040

➡ 第二部分 山东省新高考综合改革实践概述 | 045

一、山东省高考综合改革方案实施的基础 | 045

二、山东省新高考综合改革方案的特点 | 050

三、新高考方案下新平衡的建立 | 061

➡ 第三部分 等级分数转换及其测量学意义 | 067

一、常见考试评价方式 | 067

二、我国高考制度演变中的分数处理模式 | 071

三、高考改革省(市)等级分数转换 | 072

四、山东省等级分数转换 | 076

→ **第四部分 山东省新高考考试招生的变革** | 082

一、新高考改革下的考试招生 | 082

二、新高考改革下的高校专业选科要求 | 091

三、新高考改革下的志愿填报 | 102

四、新高考改革下的多元录取 | 116

→ **附录** | 128

→ **参考文献** | 158

第一部分

新时代发展形势下的新高考改革

　　《国家中长期教育改革和发展纲要（2010—2020）》（以下简称《纲要》）明确提出："百年大计，教育为本。教育是民族振兴、社会进步的基石，是提高国民素质、促进人的全面发展的根本途径，寄托着亿万家庭对美好生活的期盼。强国必先强教。优先发展教育、提高教育现代化水平，对实现全面建设小康社会奋斗目标、建设富强民主文明和谐的社会主义现代化国家具有决定性意义。"根据《纲要》"优先发展教育，建设人力资源强国"的战略部署，党中央、国务院颁发了一系列重要文件，对国家基本教育制度——考试招生制度进行改革。

　　党的十八届三中全会审议通过了《中共中央关于全面深化改革若干重大问题的决定》，在深化教育领域综合改革部分，明确提出推进考试招生制度改革，探索招生和考试相对分离、学生考试多次选择、学校依法自主招生、专业机构组织实施、政府宏观管理、社会参与监督的运行机制，从根本上解决"一考定终身"的弊端。逐步推行普通高校基于统一高考和高中学业水平考试成绩的综合评价多元录取机制。探索全国统考减少科目、不分文理科、外语等科目社会化考试一年多考。2014年9月，国务院发布了《国务院关于深化考试招生制度改革的实施意见》（国发〔2014〕35号文），确定了全国高考改革方案的大框架和总体目标，这标志着自1977年恢复高考以来，最为全面、最为系统的新一轮的高考综合改革正式全面启动。

　　为了贯彻落实国家考试招生改革的总体战略要求，2014年上海市和浙江省作为首批高考综合改革的试点省（市）率先探索高考综合改革目标的实施路径；2017年，北京、天津、山东、海南4个省（市）作为第二批试点省（市）启动了高考招生制度改革；2019 年 4 月，河北、辽宁、江苏、福建、湖北、湖南、广东、重庆 8 省（市）启动高考综合改革。目前，全国已有 14 个省（市）进行高考综合改革，占全国 31 个省、自治区、直辖市的 45%，涉及面广，人数众多。

为保障高考综合改革的顺利进行，教育部密集发布了与高考改革相适应的一系列配套文件：《关于加强和改进普通高中学生综合素质评价的意见》（2014 年 12 月）、《关于进一步完善和规范高校自主招生试点工作的意见》（教学〔2014〕18 号）、《关于加强普通高中学业水平考试考务管理的意见》（教基二〔2016〕7 号）、《2019 年普通高等学校招生工作规定》等，对普通高中学业水平考试、普通高中学生综合素质评价、高校自主招生试点以及高考加分项目的规范管理做出详细规定。

2019 年 6 月 9 日，国务院办公厅印发《关于新时代推进普通高中育人方式改革的指导意见》（以下简称《意见》）（国办发〔2019〕29 号）。《意见》指出，要坚持以习近平新时代中国特色社会主义思想为指导，全面贯彻党的教育方针，落实立德树人根本任务，发展素质教育，遵循教育规律，围绕凝聚人心、完善人格、开发人力、培育人才、造福人民的工作目标，深化育人关键环节和重点领域改革，坚决扭转片面应试教育倾向，切实提高育人水平，为学生适应社会生活、接受高等教育和未来职业发展打好基础，努力培养德智体美劳全面发展的社会主义建设者。《意见》明确了当前普通高中教育的改革发展趋势，也凸显了党和国家的人才培养要求，将促进高中教育从"应试"教育模式向"全面育人"教育方式转变；从以"升学"为目标向"升学与生涯辅导相结合"目标转变；从高中教育"分层发展"向"分层与分类相结合"方向转变。

全国高等学校统一招生考试是典型的高竞争、高利害的大规模选拔考试，是我国各类考试中最为重要、影响最大的考试，也是一个超越教育本身的社会公共事务，就其功能而言，承载着为国选材的重任，同时还有促进人的全面发展的重要功能。了解国际与国内高校招生发展的基本发展状况、新高考综合改革方案的内容框架、各实验区的改革情况以及目前改革的成果，对于山东省 2020 年首次新高考稳妥实施，持续深入推进山东省的高考综合改革工作，是十分有必要的。

一、高校考试招生发展情况

作为一项关乎国家民族发展大计的改革，新高考方案的出台是我国 40 多年高考改革发展的必然成果,是国家新时代发展的必然产物,从整体上看,一方面与国际测量评价改革趋势呈现出一致性的特点,另一方面又呈现出鲜明的中国特色。

(一)国外高校考试招生

习近平同志早在 2013 年 10 月在中关村科技园区调研时就指出:"即将出现的新一轮科技革命和产业变革与我国加快转变经济发展方式形成历史性交汇,为我们实施创新驱动发展战略提供了难得的重大机遇。机会稍纵即逝,抓住了就是机遇,抓不住就是挑战。"抓住机遇,应对挑战,教育是重要的武器。联合国教科文组织认为,人类的可持续发展最终要依靠教育,要教育出具有可持续发展的理念和可持续发展的能力的新一代。新一轮科技革命和产业变革的到来,加之竞争日益激烈的国际社会环境,促使世界各国在高考的观念、制度和行为层面发生着深刻的变化与变革,提高教育质量成为全球教育共同的话题,关注点相对聚焦在:以全民学习为重点提高教育质量,体现以学生为中心的教育理念,以价值观为导向的教育目标,培养创新精神的教育方法,应用信息技术的教育模式,关注教育质量的评估等。

高等学校入学考试是各国教育体制中的重要组成部分,是衔接中等教育与高等教育的关键枢纽,也是评价一国基础教育质量的重要方式。由于国情、教育管理体制、历史文化传统不同,世界主要发达国家的大学入学考试的功能、考试名称虽各不相同,但在强调教育"软实力"竞争和全民教育的背景下,这些国家的高等学校入学考试在考试形式、科目设置、成绩评定、录取方式、价值追求等方面的做法,不论是在制度建设方面,还是测量学意义上,均对我国的新一轮高考综合改革提供了理论与实践上的参考。综观美国、英国、日本、芬兰、加拿大、韩国等国家的高等学校入学考试情况,将其与我国新一轮高考综合改革相关的重要因素分析梳理如下。

1. 考试科目

美国、英国、日本、芬兰、韩国、加拿大等国的高等学校入学考试名称不同,科目的设置也不尽相同,要求不同,但无论是统一的大学入学考试,还是作为录取重要参考的高中毕业考试,科目结构大多包括必考科目与选考科目,多数国家高考不分文理科,具体见表 1-1。

表1-1 美国、英国、日本、芬兰、韩国、加拿大等国大学招生考试科目一览表

国别	考试名称		必考	选考科目
美国	Scholastic Assessment Test（简称SAT）	推理测验（Reasoning Test）	阅读、写作和语言、数学	论文写作
		学科测验（Subject Test）		某一学科的知识掌握程度与运用能力
	American College Test（简称ACT）		英语、数学、阅读、科学	作文
英国	General Certificate of Secondary Education（简称GCSE）普通中等教育证书考试		英语、数学、综合理科	20余科,选考8～10门
	General Certificate of Education Advanced Level（简称A-Level）		无	全部为选修课程,约80门,涉及现代外语、数学和理科、社会科学、文史、艺术、技术、经济等,根据专业要求或自身情况,选3～4门考试
日本	大学入学统一考试		不分文理,不设必考科目	从国语、公民、地理历史、数学、理科、英语共计6科31门中,自选任意几科及其中若干门的1门(5科成绩)
芬兰	大学入学资格考试		母语	从第二外语、外语、数学和综合(宗教伦理学、哲学、心理学、历史学、社会学、物理学、化学、生物学、地理学、健康教育学等学科)中任选3门
韩国	大学修学能力考试		国语、英语、数学(分A/B卷,A卷的难度比B卷难度大,文科理科各选难度不同的试卷)	文科生:从历史、地理、国民教育、家政学等科目中选择2科考试 理科生:从化学、物理、生物、应用技术等科目中选择2科考试
加拿大	高中文凭		英语、数学、科学、加拿大历史、艺术、健康与体育、法语(第二语言)、职业学习、公民学	必修科目中设置选修,学生结合自己的未来发展方向进行选择

　　从上表可以看出,美、英、日、芬兰、韩、加拿大等国的大学入学考试(或"高中毕业证考试")科目的设置基本呈现以下几个特点。

（1）科目结构突出选择性，选考科目数量多。

高度个性化及多元化是未来社会发展的趋势，在尊重法律和道德规范的前提下，个体的自主、自立意识将得到极大发挥，社会文明的进步必将为每个社会个体提供更为广阔的发展空间，使个体的优势智能及潜能得到充分发挥。增强科目的选择性，让学生选择更适应自我发展的学科，是各国考试科目设置的共同特点。

从考试的结构看，美国的 SAT 考试科目在 2016 年以前全部为必考，在 2016 年之后考试科目变为选考；ACT 的作文为选考。英国的 GCSE 普通中等教育证书考试、芬兰大学入学资格考试、韩国的大学修学能力考试、加拿大高中文凭均为必考＋选考；英国的 A-Level 与日本的大学入学考试则无必考科目，均为选考科目。从考试科目的设置上看，各国均普遍重视本国文化与母语学习，母语均为必考科目。

从选考科目看，有的国家除了必选科目外，还有任选科目。其中必选科目为限定性选考，如英国的 A-Level 是学生根据拟报考的高校对申请者资格证书的要求选择 3～4 科来参加考试；日本的大学入学考试中心的考试也是由学生根据报考高校的要求，选择学科领域及其中的门类参加考试；韩国则是根据学生文、理专业的规定选择考试科目；而芬兰的大学入学考试没有设定选考科目，考生可以自由选择 1 门科目参加考试，或者选择几门以上的科目参加考试，来提高总成绩；美国的 SAT、ACT 考试也有一些不计入总分的试题或选考的科目，成绩不计入总成绩，仅为高校录取时做参考。

从科目数量上看，选考科目大多在 10 门以上，其中英国的普通教育证书高级水平考试科目有 50 多科，普通教育证书补充水平考试有 40 余科，要求学生根据兴趣爱好及拟申请学校要求，参加 3～4 科考试；美国 SAT 学科测验（Subject Test）包括写作、数学、自然科学、社会学和外语 5 个学科 20 多门科目，学生根据报考的高校的要求来选择科目；日本的大学入学考试采用分级分类命题的方式，考试的 6 科中，有 31 个类别进行选择，如历史有 4 个选项——世界史 A、世界史 B、日本史 A、日本史 B，既可扩大学生的选择面，也可满足不同高校的招生需要。

多样化的科目为学生提供了广阔的选择空间，显现了多样化、个性化的教育理念，也为未来专业发展打下了坚实的基础。

（2）学生有课程的选择权，体现了高中课程与未来大学学习的适恰性。

"必考＋选考"的方式与各国高中课程建构的模式是一致,体现了在保证学生基本能力和素养的基础上,最大限度地适应不同学生的不同能力发展水平,满足学生不同的发展需要,尊重其对课程的选择权。美国的综合高中的课程结构包括必修课程、选修课程、教育计划与项目,选修课程丰富多样,有的学校可提供多达 200 余门的选修课。加拿大的高中提供的课程实用性非常强,几乎可以涵盖所有大学可能设置的专业,学生在高中 9、10 年级在几大类科目中完成必修的 17 学分,到了 11、12 年级则根据自己的兴趣爱好和未来的发展来选择课程学习,如果这些课程符合所申请的专业要求,而且考生成绩比较好,一般情况下就会被录取。日本的普通高中课程包括必修和选修,普通教育课程包含 10 门学科,每门学科又由水平或内容重点不同的若干科目构成,学生可以自主选择。韩国的大学修学能力考试分文理科设置必考和选考科目,考查学生的一般学习能力和大学入学后继续学习的潜在能力,具有学科测验和升学指导相统一的功能。

在各个大学、专业、院系不同的入学标准下,高中学生根据所选高校的专业要求来自由选择考试的科目,将高中学习的课程与大学的专业考试衔接起来,可以使学生在进入高等院校进行学习时,更好地适应不同的专业类别对其知识结构、能力素养、专业发展的要求,提高了高中课程选择与大学专业选择之间的对应度与相关性,实现二者之间的衔接最优化。

(3)考试科目不分文理科。

世界各国的高等入学考试,大多有类别之分,而无文理之分。美国的大学入学测试经过多次改革,涵盖了各种素质能力的考查,无文理之分。其中,SAT 包括两项测验,即以考查学生在大学学习所需要的批判性思维为主的推理测验和考查学生某一学科知识掌握及运用情况的学科测验;ACT 考试内容包括英语、数学、阅读、科学、作文(选考)5 部分,注重考查学生对课程知识的掌握程度,同时考查学生的独立思考与判断能力。日本的大学入学考试自 1990 年起使用"国家中心测验"统一命制的试题,不分文理,且无必考科目。芬兰的大学入学资格考试与各大学自行组织的入学考试,均不分文理科。不分文理科目的考试方式是世界上大学入学考试科目设置的基本形式,这种形式可以促使学生在高中阶段就建立起更加丰富的多样化的知识、能力、素养结构,符合国际型创新人才和拔尖人才培养的基本规律。

2. 计分方式

为了避免"一考定终身"，推进考试的公平，减轻考试压力，大多数国家采用多次考试的方式。美国自 20 世纪 40 年代推行的大学入学考试 SAT 采用的是"一年多考"的机制，现在每年在美国本土举办 7 次考试，在海外举办 6 次考试；ACT 考试每年也是举行 6 次。韩国从 2005 年起由原来仅在每年 11 月份进行 1 次考试，增加为 2～3 次；192 所大学的招生考试实行多层次考试，包括 11 月份的统考和各校的随时招生（标准由招生学校自定）考试。

多次考试带来的问题就是考试的等值问题，美国在 1941 年通过测验等值技术提出了解决问题的方案，使得多次考试的成绩的相互比较变成可能。因此，从计分方式上看，各国均不采用有局限性的原始分相加的方式，而是采用一定的技术手段对考试成绩进行转换，赋予考试成绩以更多的内涵。

世界上许多国家尤其是发达国家使用标准分已有几十年的历史，比如英、美等发达国家普遍采用标准分计分方式，成绩的含义更为明确，不仅可以体现学生的知识与能力水平，还可以看到学生在整体考生中的排序情况，各科的成绩具有可加性。美国 SAT 和 ACT 考试以计算标准分的方式来评定考试成绩，SAT（Reasoning Test）成绩是根据考生批判性阅读、数学、写作答题正误计算原始分，再通过换算表算出标准分成绩，3 项成绩相加得到考生的总成绩；ACT 考试也是将各科每次考试的分数换算成标准分，然后取成绩的平均值计分，共有 36 级（1～36 分）。英国的 A-Level 证书考试成绩采用标准参照评定方式，设置了考试的原始分与标准分对照的标准分量表，通过此表计算出学生原始分相对应的标准分数，再根据标准分与标准分满分的比例做出 A*、A、B、C、D、E 和 U（U 为不及格）7 个等级的评定。

芬兰大学入学资格考试成绩采用相对位置评定方式，基于正态分布确定，每个科目根据学生在全体考生成绩中所处的位置确定得分为 7～0 分的 7 个等级，每个等级有固定的人数比例，分别为 L 级（7 分）5%、E 级（6 分）15%、M 级（5 分）20%、C 级（4 分）24%、B 级（3 分）20%、A 级（2 分）11%、I 级（0 分）5%。韩国大学修学能力考试成绩报告采用标准九分制（1～9），根据分数段确定各科目的等级，各等级有相应的人数比例，其中 1 等级为 4%，2 等级为 7%，3 等级为 12%，4 等级为 17%，5 等级为 20%，6 等级为 17%，7 等级为 12%，8 等级为 7%，9 等级为 4%。

日本的大学入学考试采用大学入学考试中心考试和大学自主选拔考试,各科成绩则是按不同权重加起来计算总分,各科权重由各大学及院系自主决定。

3. 录取方式

各国的高校招生基本上采用多种方式进行,但共同点是不以考试分数作为唯一参照,淡化分数在录取中的影响,评价的关注点从结果性评价转向过程性评价,注重学生的综合能力表现。评价的综合化是高校招生制度演变的国际趋势,具体表现为:统考+校测、多要素量化合成总分、统考统招体系内扩大中学综合素质评价结果的使用、多要素评价+学校自主选拔等。下面对几个发达国家的高校招生录取情况进行梳理,具体情况见表1-2。

表1-2 美国、英国、日本、芬兰、韩国、加拿大等国大学招生录取依据一览表

国别	统一考试		大学单独考试	综合评价	高校录取
	统一考试名称	成绩使用			
美国	SAT/ACT考试	高校录取的重要参考指标	无大学自主招生考试	高中学业表现(包括修读课程、中学报告、高中成绩等)	两类:一类对高中毕业或同等学力者开放,只需提供高中毕业文凭或同等学力证明;一类有入学要求的大学,通过多元指标综合评价录取,要求提供高中学业表现、SAT/ACT分数、推荐信、课外活动、才艺证明、作文等材料
英国	GCSE普通中等教育证书考试A-Level	升入大学的重要依据,被称为"黄金标准"	除牛津大学、剑桥大学外,其他大学一般无单独举办的考试	UCAS申请表(个人陈述、推荐信、A-Level预测成绩、学业记录等)	三种形式:专业人员主导的集中式录取、由学术导师主导的分权式录取、混合录取
日本	大学入学统一考试(中心考试)	高校录取的重要依据	大学自主招生考试(口试、笔试、实际操作等)	无	三种形式:中心考试,考试科目高校与考生自主选择;AO入学考试,不注重分数,以考生的面试成绩为主录取;推荐入学考试,将高中调查书中的内容(包括学分、各科目成绩记录、出勤、课外活动与志愿者活动、资格证书、检定证书等)转化为"内申分",纳入招收评定参考中

续表

国别	统一考试		大学单独考试	综合评价	高校录取
	统一考试名称	成绩使用			
芬兰	大学入学资格考试	高校录取的重要依据	大学招生考试	无	高中成绩 + 入学资格考试
韩国	大学入学修学能力考试	占录取总成绩40%	大学单独考试	在校生活综合记录簿	大学拟定录取标准(4种):只根据学生在校生活记录簿成绩;在校生活综合记录簿成绩 + 大学修学能力考试成绩;在校生活记录簿成绩 + 大学单独考试成绩;在校生活记录簿成绩 + 大学单独考试成绩 + 大学修学能力考试成绩
加拿大	高中文凭:30学分、文化测试、社区志愿服务 高中最后两年成绩	最基本的资格	专业性学位设入学考试	无	高校录取采用中学毕业证书资格制度,即获得高中毕业文凭或普通教育证书,各高校自行规定入学资格

综合分析上表,可以看出:

(1)各国普遍采用综合参照录取的方式。

美国大学录取的重要依据——学能测验(SAT)主要考查学生的文字和数学推理能力,大学录取除了参考学生参加 ACT 或 SAT 考试的成绩外,还有高中毕业证书、高中学业成绩综合指标(GPA)、社会服务活动表现、中学校长或教师的推荐信等,其中能够体现能力水平的过程性学习资料和大学的复试情况更受到大学的重视;英国各高校录取新生的主要依据除了 GCSE 和 A-Level 外,还有中学推荐信、工作经验和个人的兴趣爱好等;韩国大学的入学依据主要是由学生在校生活综合记录簿、大学入学修学能力考试和各大学单独考试成绩组成。

(2)高校具有绝对的招生自主权。

大部分国家既有权威的大学入学统一考试,也有高校自行组织的入学考试,而录取的标准也往往由各大学制定,录取的权利掌握在大学的手中。日本大学录取成绩由全国统一考试大学入学考试中心考试成绩与各高校自行组织实施的单独考试成绩组成,两项成绩在最终录取的总分中所占的比重,由各高校自由掌握。韩国除了全国统一的考试外,还允许各高校在此基础上进行单独考试录取学生,实施随时考试招生制和追加考试招生制,使双志愿的考生考试的机会最多可以达到 11 次。

（3）高中学业成绩成为高校录取重要的考量要素。

各国高校在招生时,均将高中学业成绩纳入录取的考量要素之中。加拿大的高校入学资格虽然是由各高校自行规定,但高中文凭是进入加拿大大学的基本条件;高中最后两年的主课成绩是进入高校的重点参考条件,特别是对能否进入著名学府起着决定性作用。美国学者对高中成绩和 SAT、ACT 考试分数,分别与大学的学业成绩及毕业率的相关性研究结果表明,高中成绩是一个更公平、更可靠的预测大学学业成绩与毕业率的指标。因此,美国部分大学的本科开始依据学生的高中学业成绩进行录取,采用部分或完全"可免试入学"的录取方式。日本的高校特别关注学生在高中的学习过程,需要考生报考时提供记录高中学习和活动基本情况的高中调查书,调查书中每学年的成绩记录是获得推荐资格的重要依据,并结合高中阶段的课外活动、志愿者活动等实施综合评价。

（4）重视学生的社会参与度。

加拿大安大略省的高中生获得毕业文凭的 3 个重要条件之一就是要在高中期间完成 40 小时的无报酬的志愿服务;韩国学生的在校生活综合记录簿记录了学生在中学的各方面表现,包括服务活动与义务劳动情况;美国大学特别是精英大学在审查学生入学申请时,要了解学生在社区活动中的参与情况,包括参与的态度、承担的角色、所付出的努力、做出的贡献等,进而关注学生在活动中表现出的特殊才能与成就。重视学生在高中阶段参与社会的情况,这对于学生了解社会生活、加强社区建设、强化公民意识、提高自信与自我认知、拓宽视野、丰富实践经历等有着重要的意义。

（5）社会各方共同参与招生录取。

考试是一项社会性的公共事务,需要全社会的共同参与,构建完备的公共性的服务、管理、监督体系,以保障高校招生的准确科学与公平公正。以英国为例,考试机构、高校、公众多方分权合作,良性互动,构成相对完备的体系,共同服务于英国高校的招生录取。其中,UCAC 负责申请事务并提供与招生相关的广泛服务,综合考试认证机构负责实施公共考试,高校负责自主录取,政府通过制定相关的法律法规及设立专门的办公室等进行招生的宏观调控,专业机构（QAA、SPA）负责提供专业的建议和研究,公众则参与高校录取决策的监督。韩国政府为了防止高校招生管理中可能出现的问题,加快高校招生管理的法制化进程,完善法律监督体系,成立了韩国反腐败委员会等机构,从法律体系建设层面来应对招生过程中的腐败问题。

4. 以促进教育公平为共同的目标

从美国的《平权法案》,到加拿大一流大学"均等与多样"的招生理念与高等教育机构"宽进严出"与"严进严出"的招生措施,以及日本以建立考试公平为宗旨的多样化考试等,无论是发达国家还是发展中国家,保证每一个人具有同等的成功机会是当前各国教育公平政策的一个核心目标。因此,各国高考制度改革发展的一个核心就是确保高考招生制度与高等教育入学机会的公平性。

英国在 2004 年出台了《高等教育公平入学:有效实施的建议》,倡导英国大学在招生中引入个人背景考察,考察背景包括教育环境、地理一人口学信息以及社会经济背景,以此作为促进入学机会公平的核心举措,提出"基于学生的教育机会和环境存在差异的事实,除已有的教育成就外,考察背景是公平且恰当的","所有高校都应该认识到个体学生的社会经济地位和受教育机会,并预料到他们的背景和经历可能会对学生学业发展形成阻碍"。十几年来,基于背景的综合评价模式对于扩大弱势群体在高等教育中的参与性方面取得了一定的成效,但也有很多地方有待完善。韩国采用录取多样化的办法大力帮扶弱势群体,确保教育公平,并从法律层面提供保障,制定了《偏僻地区教育振兴法》,李明博执政时期颁布的《支持农、渔村教育发展政策》《高等教育法》《国民基础生活保障法》《残疾人福祉法》中也有关于弱势群体接受高等教育的法律要求。澳大利亚则提供了特殊的招生录取计划,比如"加分奖励计划""教育公平入学计划"等。

5. 国外高考制度改革给我国高考改革带来的思考

高等学校招生录取作为国家一项重要的公共性事务,涉及对象非常广泛,除主导招生政策制定的政府相关部门、负责具体实施的招生考试部门,还有高等学校、考生、社会等方方面面,单一主体参与无法保障其顺利推进。我国的新一轮高考改革力图破解以往改革中存在的问题,是一次全方位协调、全要素参与的改革,诸如出台多项举措,向农村、偏远地区倾斜,促进教育的公平;改革计分方式,采用等级考试选考方式,推进录取多元化等。尽管国外的高考制度有着千差万别,但这些国家的考试制度、录取办法、科目设置等给我国高考综合改革以重要的理论与实践上的启示与借鉴,并产生了一定的影响。

（1）政府部门要加强顶层规划设计,健全相关法律法规,为高考改革提供完善的设计、完备的制度与严格的法律保障,持续促进教育公平。

从美国的教育改革来看,每一轮的改革均由政府主导,不论是《平权法案》,还是自 21 世纪以来两届政府颁布实施的《不让一个孩子掉队法案》（No Child Left Behind）、《每一个学生成功法案》（Every Student Succeeds Act）,均是为了提高学生的整体学业水平,缩小学生之间的差距,推进教育公平,加强国际竞争力,同时加强了联邦政府对于教育的控制权,推进标准化考试、制定全国统一的课程标准以及相关的问责制度。2010 年 6 月,全美州长协会和教育长官委员会共同提出开发《共同核心标准》（Common Core State Standards, CCSS）,与学生的升学、大学学习和职业生涯有着密切的关系。2015 年 12 月 10 日,美国总统奥巴马签署《每一个学生成功法案》,以取代已经施行 10 多年的《不让一个孩子掉队法案》,继续保留了标准化考试,提出了修改测试的方法,确保每个州设置高标准,采用多元化手段评价学生的学习和进步,使得每个学生可以顺利从高中毕业,为进入高校和就业做好准备。尽管此法案得到了全国上下的普遍支持,但对于其未来前景及其对美国教育改革究竟会产生怎样的影响,从目前来看,还无法做出过于乐观的估计,尚需要教育实践证明。2019 年 3 月,美国司法部史上规模最大的高校招生腐败案被公之于众,耶鲁大学、斯坦福大学等多所精英高校陷入招生舞弊案,显示了美国精英大学招生的理想与现实之间的矛盾。

我国的新高考改革同样是国家主导,国务院、教育部出台了一系列的文件,落实高考改革的各项措施,从政策上起到了规划、指导的作用。新高考改革如何能更深入地促进教育公平,促进人的发展,还需要从政府层面建立健全法律法规以及各项制度,以规避可能对教育公平造成伤害的各种问题。

从我国国情看,虽然经济整体发展迅速,但教育资源分配依然不均衡,社会纵向流动受到一定的影响,自主招生在实施初期,农村学生录取比例偏低,与实际人口所占的比例不成正比,因此,努力缩小教育发达地区与相对落后地区的差距、东部与西部的差距、城市与农村的差距、核心区域与偏远区域的差距,提高农村学生的入学比例,促进教育公平,是国家近年来高考制度改革的重点。为了提高农村和贫困地区学生上重点大学的机会,国家实施了"重点高校招收农村和贫困地区学生"的三大专项计划,即国家专项计划、地方专项计划、高校专项计划,进行定向招生;重点高校在招生名额中提高农村学生的录取比例。

根据新高考改革的思想,新高考将采取多元录取机制,综合评价将在高考中发挥重要的作用。如何客观公平地确定经济、文化背景不同的考生的综合评价水平,需要从国家层面加强整体的规划与设计,从促进教育公平的角度,制定针对弱势地区与群体的措施,考虑评价标准的差异化,从招生名额分配、综合评价办法、材料审查办法、考试信用评价等方面,做出规范、严格的规定,健全相关法律制度,在给予高校更多自主招生权的同时,从制度与法律层面加强管理监督,防止出现招生名额分配不均、材料弄虚作假、过程不公开等问题。英国实行的政府监督下的考试、招生和录取三职分离制度,对于我国的高考改革有一定的借鉴意义。

(2)高校作为招生的主体,要科学制定多元化的选拔办法,实现"人尽其才"。

我国新高考改革重要的内容就是改革录取制度,实施多元化的招生录取方式。在坚守公平诚信的基础上,国家应当适当扩大高校的招生权,建立起有利于优秀人才选拔的多样化的多元录取机制。高等学校招生录取实施的主体是高校,从各国的实践经验看,高校作为教育机构公法人,在招生活动中有着"招生自由裁量权",要在改革中发挥其重要的作用,做到人才各就其位,各尽其能,各展所长。

评价视角向高中阶段的学习延伸。各国无一例外地将高中学业成绩作为重要的考量要素纳入高等学校的招生之中,一流大学更是看重学生在高中学业成绩的位次。与一次性考试成绩相比,高中成绩反映的是一个阶段的学习表现,是一个相对稳定的具有可持续性的量性评价,更具有可靠性。因此,关注考生的高中成绩,再结合学业水平考试成绩、高考成绩,对学生的整体情况做出评价,是一种比较客观公正的选拔办法。多元的招生方式体现了对高中学习的重视,是一种重要的推进举措。

多元化的招生是"人尽其才"的保证。美国的大学录取新生没有刚性的标准,实行综合评价。日本在统考的基础上,通过面试、小论文、报告来考查学生,重视学生个人潜能,更加尊重学生的个性。从招生考试的时间上看,日本除了大考中心考试和高校单独考试这两次考试外,还有 AO 入学、推荐入学、社会人员入学等多种多样的入学制度。国家组织的具有权威性的统一考试十分必要,统考统招是考试客观公平公正的重要保障,除此之外,在 2020 年之前我国一流大学招生录取有自主招生、综合评价招生这两种重要的形式,为试点高校选拔优秀生源,有力地推进高考录取多元化与多样化,实践素质教育以及实现德智体美劳全面发展的教育目标,发挥了重要的作用。教育部自 2020 年起,停止高校自主招生,将在部分一流大学开展基础学科招生改革试点,也称"强基计划"。无论是"强基计划",还是综合评价招生,高校应当进一步完善多元招生办法,做到制度完善、程序公正、信息公开、机制透明,取得更高的社会认可度。

高校在专业的设置上,加强与高中教学的衔接,科学指导学生的选科,实现高中与高校课程的有机渗透与融合。从国外经验看,很多国家在高中引入大学先修课程(预科课程),确保学生在高中的基础上,更加适应高校的专业学习。以加拿大约克大学为例,该校基本的入学条件有两个:拥有安大略省中学文凭,修过 6 门大学课程。在此基础上,不同的专业还有附加的招生要求。从我国新一轮的高考综合评价"3+3"的考试模式看,学生的选科质量关乎未来高校培养人才的质量,高校应该关注高中课程的开设情况,并从专业发展、人才培养的角度对高中课程开设、学生选科进行指导,提高学生高中选科与未来要学习的专业之间的契合度,使学生的选科趋于理想化的状态,防止第一批实验区出现的选科问题。在不干扰学校正常的教育教学秩序的前提下,在国家课程基础上,可以在试点省(市)适当开设大学专业先修课程,丰富高中课程体系,促进高等教育与基础教育的衔接。

（3）从促进人的发展角度,采用更合适的计分方式。

评价最终是为人的发展服务,分数表达同样是以人为核心的,无论是采用哪一种计分方式,其目标应该是促进人的全面、自主、自由的发展,同时满足国家的选才需要。

从方法论的角度看,高考改革作为系统性的工程,需要从方法论的角度来思考、设计、采用解决问题的方式方法,特别是与社会公平理念密切相关的考试等值方法与分数统计方法。新高考改革方案明确提出要破解"一考定终身",实施多次考试。我国的教育测量统计在理论层面的研究比较多,而在实践层面却落后于发达国家,多次考试的等值问题尚未得到解决,测量实践应用落后于理论层面的研究,一次性考试带来的弊端无法真正得到解决。由于原始分往往会受到参加考试的群体、试题的难度等诸多因素的影响,分值会产生波动,可解释性差,因此,国际上很多国家的大学入学考试基本不使用原始分的计分方式,而是采用转换分数的形式,虽然转换的方式不尽相同,但一般都是根据测量的内容与解释意义来确定的。我国目前基本上使用原始分进行计分,虽然在历史上曾有过标准分的实验,但因一些理论问题没有得到解决,加之社会接受度差,而不得不停止。新高考改革,除海南省沿用过去的标准分之外,其他试点省份均采用"原始分 + 等级转换分"计算总成绩的办法。

随着信息技术、测量技术的发展,如何更科学地考量学生的高考成绩,实现多次考试的分数等值转换,在真正意义上实现多次考试、多元录取,真正落实新高考改革目标,实现考试全过程的公平公正,这些都是政策制定部门与学界研究的重要课题。

(二)国内高考改革历史发展回顾

1949 年,中华人民共和国成立,诸多领域都发生了翻天覆地的变化,高等院校招生制度也随之迅速发生变化,高考制度屡经变迁,但其选拔人才的职能始终如一。

1949 年,高等学校沿袭过去单独招生的方式,各大学自主招生,各家独立自主命题。1950 年,同一地区高校联合招生。1951 年,全国大行政区范围统一招生。1952 年 6 月 12 日,教育部发布关于全国高等学校暑期招收新生的规定,首次明确规定高等学校招生实行全国统一招生考试。

1966 年,废除高考,高校停止招生。1971 年,高等学校逐步举办试办班,恢复招生。招收的新生初中毕业即可,但须经过两年以上劳动锻炼;废除招生考试,改为"自愿报名,群众推荐,领导批准,学校复审","工农兵大学生"也在此时出现。

1977 年 8 月,邓小平同志提出恢复高考制度。当年 10 月 12 日,国务院批转教育部《关于 1977 年高等学校招生工作的意见》,正式恢复了高等学校招生全国统一考试的制度。据统计,当年报考人数 570 万,录取人数 27 万,录取率为 4.7%。

自 1977 年恢复高考以来,高考改革的总体趋势朝着更加注重公平、科学的方向发展:高校从法律上获得了招考权,规定高校作为法人实体可以根据社会需要、办学条件和国家核定的办学规模,制订招生方案,自主调节系科的招生比例,落实和扩大高校办学自主权有了实质性的进展;随着社会和经济的发展,作为受教育者的学生被赋予越来越多的选择权，其个性发展得到了越来越多的尊重；高考改革强调科学性，从注重效率到更加关注公平，无论是考试科目设置、招生考试制度，还是录取方式，都体现着提高教育质量、促进教育公平这一全球教育改革趋势。新一轮高考综合改革是顺应这一趋势发展的必然结果。

1. 考试制度的变革始终向着提升质量、促进公平的方向发展

考试招生制度作为我国的基本教育制度，根据不同历史时期的任务与目标，一直不断地进行探索和深化。1978 年教育部开始实行全国统一高考，制定了招生考试管理文件。1980 年，党的十一届三中全会做出党和国家工作中心转移到经济建设上来、实行改革开放的历史性决策，1985 年《中共中央关于教育体制改革的决定》颁布，启动了教育体制改革，提出改革高校的招生计划和毕业分配制度，启动高考标准化改革，提高考试科学化与规范化。1999 年 2 月教育部下发《教育部关于进一步深化普通高等学校招生考试制度改革的意见》（教学〔1999〕3号），以素质教育为核心，对高考科目设置、高考内容、高考形式、录取方式等方面进行改革，从大文、大理，到"3+2""3+X"，探索考试模式。2001 年 5 月，《国务院关于基础教育改革与发展的决定》规定，改革高等学校招生考试内容，探索多次机会、双向选择、综合评价的考试选拔方式，推进高等学校招生考试和选拔制度改革，推动高考向着公平、科学和多元的方向发展。2008 年 1 月，教育部下发《教育部关于普通高中新课程省份深化高校招生考试改革的指导意见》（教学〔2008〕4 号），提出改革的主要任务是全面落实科学发展观，统筹高校招生考试、录取和中学综合评价，推进综合改革，建立在国家统一考试录取基础上的全面、综合、多元化的考试评价制度和高等学校多样化的选拔录取制度。2010 年 7 月，《国家中长期教育改革和发展规划纲要（2010—2020 年）》（中发〔2010〕12 号）提出，要完善高等学校考试招生制度，深化考试内容和形式改革，着重考查综合素质和能力。

2014 年，国家发布了《关于深化考试招生制度改革的实施意见》，启动新一轮的高考改革，从重点突破性的改革进入全面、系统、综合的改革阶段，提出在2014 年启动考试招生制度改革试点，2017 年全面推进，到 2020 年基本建立中国特色现代教育考试招生制度，形成分类考试、综合评价、多元录取的考试招生模式；2014 年 12 月，教育部下发《教育部关于进一步完善和规范高校自主招生试点

工作的意见》（教学〔2014〕18号），对高校自主招生功能及定位、招生程序、招生时间、信息公开等方面工作做出要求。

改革开放40多年来，普通高等学校招生全国统一考试（以下简称"高考"）在提高教育质量、提升国民素质、促进社会纵向流动、服务国家现代化建设方面发挥了不可替代的作用，对推动我国的教育与经济发展，维护教育公平与社会稳定起到了重要的作用，我国的国民教育体系不断得到完善，教育事业得到了全面的发展，大学的招生人数从1978年的40.2万人，到2017年的761.49万人，再到2019年的820万人，高等教育毛入学率由1978年的2.7%提升到了2018年的48.1%，超过中高等收入国家平均水平。进入21世纪后，普通高等学校数量和在校生人数的增速明显加快，高等教育从精英化迈向大众化、普及化。

2. 不断调整考试制度，以适应人才选拔的需要

高考科目设置随着时代的发展、国家选才标准的变化而调整，大致分为四个阶段，即"大文大理设科""会考＋高考""3+X""不分文理"，具体情况见表1-3。

表1-3　1977～2013年我国高考科目设置表

时间	指导文件	科目设置	范围
1977年～80年代初	《关于一九七七年高等学校招生工作的意见》	大文（含哲学、外语专业）：政治、语文、数学、历史、地理、外语 大理（含医、农专业）：政治、语文、数学、物理、化学、外语	全国
1985年	《关于在普通高中实行毕业会考制度的意见》	会考＋高考 "3+1"方案："3"指语文、数学、外语，"1"指从物理、化学、生物3门学科，或从政治、历史、地理3门学科中，任选1门为选考科目	上海
1990年	《关于改革高考科目设置及录取新生办法的意见》	"三南方案"四组方案 政治、语文、历史、外语 数学、语文、物理、外语 数学、化学、生物、外语 数学、语文、地理、外语	湖南、云南、海南
1992年	《关于普通高中毕业会考基础上的高考科目设置意见》	"3+2"方案，科目分为文、理两类 语文、数学、外语3科为必考科目 文科加考：政治、历史 理科加考：物理、化学	全国

时间	指导文件	科目设置	范围
1999年～现在	《关于进一步深化普通高等学校招生考试制度改革的意见》	"3+X"方案 "3"指语文、数学、外语3门必考科目 "X"为综合科目，是指在政治、历史、地理、物理、化学、生物等科目中，自行选择1门或几门考试科目，一般分为文综组合（政治、历史、地理）与理综组合（物理、化学、生物）	全国
2013年	《中共中央关于全面深化改革若干重大问题的决定》	探索全国统考减少科目、不分文理、外语等科目社会化考试一年多考	试点省份

从表1-3中可以看到，考试科目设置随着社会与经济发展不断地发展、变化、完善，以适应经济发展和科技进步对人才的需求，集中体现培养全面发展的人才的教育目标，从规定科目到选择科目，兼顾了个性与共性，有一定的自主性、开放性和选择性，试图纠正偏科，减轻学生课业负担，改善片面追求升学率的现象等。

（1）高考开始与高中学习发生关联。

1989年，在广东省试点的基础上，国家教委在全国逐步推行高中会考制度，到1992年西藏开始实行高中会考为止，这一制度在全国得到了普及，高中会考成绩作为参加高考和高校招生的必备条件之一，标志着高校的招生录取从仅关注评价结果，到开始关注高中的学习过程，关注学生的全面发展。从2001年江苏省3所高校率先作为试点开始试行自主招生工作，到2018年全国参加自主招生的学校有95所，无论是校荐还是自荐，无论是高校自主测试还是联合测试，高中会考成绩在学生提交的材料中的分量都比较重。比如，部分高校对学生高中的成绩有等级的要求，特别是对达A的科目数量有要求；有些学校根据高中会考的成绩对文化课成绩实行免试。在2019年综合评价招生中，有41所学校采用"631"模式，即采用"高考成绩（60%）+综合评价考核成绩（30%）+学业水平考试成绩（10%）"的方式计算考生的综合成绩。

期间，为了探索解决"一考定终身"的问题，江苏省在2008年采用了"3+学业水平测评+综合素质评价"的高考方案，将学业考试成绩纳入了总成绩之中，并作为各级各类高校录取的门槛，具体见表1-4。

表 1-4 2008 年江苏省高考方案简表

组成	科目		数量	分值	成绩使用	考试时间
必考	语文、数学、英语		3	480	汇总成绩,录取重要依据	高考
选测	历史、物理	二选一	2	分为 A、B、C、D 4 个等级	填报各个批次大门的门槛	高考
	生物、化学政治、地理	四选一				
必测	选测选后剩下的 4 科		4	分为 A、B、C、D 4 个等级,A 级计 1 分,4 个 A 计 5 分	A 等计入高考总成绩	高二下学期,4 月

由表 1-4 可以看出,江苏省高考方案中,学业考试成绩在录取时发挥了重要的作用,其中考生的 4 门必修科目要达到 C 级以上才能参加高考,两门选修科必须达到 B 级以上才能报考本科;而清华大学对两门选测科目等级的最低要求为A+、A。江苏省教育招生考试院朱卫国在解读此方案时指出,此方案具有"高端多元、中端稳定、底端开放"的高校招生改革取向,是"把中学组织教学、考试部门组织考试、高校组织招生三者有机结合,提出了分层次、分类别、按批次组织招生录取的办法,满足不同层次院校对学生的需求"。这些改革实践为新一轮改革方案出台提供了宝贵的经验。比较 2008 年江苏省高考方案与 2014 年新高考方案,二者都具有以下几个特点:统考科目只有 3 科,分别为语文、数学、英语;其余的科目采用学业水平考试,学生选择其中的科目进行等级赋分;学业水平考试作为录取的重要参考。

（2）不断调整的计分方式。

自从恢复高考以来,高考成绩的计分方式主要有三种形式——原始分、标准分与等级分。原始分计分方式在相当长的一段时间被采用,这种计分方式可以对考生进行有效的甄别,虽然各科原始分数的简单相加很难准确地反映考生的认知结构、智力水平等真实情况,但因社会的接受度普遍较高,所以成为计分的主要形式,且目前仍然为大多数省份采用。自 1985 年起,国家教委在试点与充分论证的基础上,于 1994 年颁发了《普通高等学校招生全国统一考试建立标准分制度实施方案》,提出"普通高考标准化改革,这一阶段的主要任务是建立标准分制度,进一步开发利用考试信息,充分发挥考试既有利于高校选拔新生、又利于中学教学的作用"。1997 年起,全国多个省份开始实施标准分制度,标准分计分制度虽然被教研部门、学校广泛认可,但这种计分方法比较复杂,不被大众所了解,加之没有很好的解决测量学等方面理论问题,除海南省依然采用标准分记分外,其他省份不得不停止了标准分的计分方法,又重新回到原始分的计分方式。各省的计分等级划分的原则与标准不尽相同,且大多应用于学业水平考试中。

自恢复高考以来,多样化的高考计分方式对新高考计分方式向着科学化迈进提供了重要的实践参考,随着信息技术与测评技术的发展,新一轮高考改革采用相对科学且得到大众普遍认可的计分方式,"原始分 + 等级分"的方式成为实验区主要采取的计分方式。

3. 不断推进的多元化的高考录取机制

从中华人民共和国成立初期到改革开放以来,我国的高考录取招生随着国家的政治经济发展,走过了一条不断发展的道路,解放初期延续多元录取招生,20 世纪 50 年代初期统一考试招生,70 年代初期多元录取招生,80 年代实行统一招生与委培生、自费生并存的双轨制招生,90 年代末、21 世纪初调整实行统一的单轨制招生,2003 年开始启动统一招生与自主招生、综合招生并存的招生方式,不断调整录取机制的适应性。根据不同时期录取机制的变化,可以分为四个时期,见表 1-5。

表 1-5 1977 ~ 2013 年招生录取机制表

阶段	时间	时期	特点
第一阶段	1977 ~ 1986 年	录取机制探索期	招办负责,分段录取
第二阶段	1987 ~ 2002 年	梯度志愿投档录取	志愿优先,择优录取
第三阶段	2003 ~ 2014 年	平行志愿投档录取	分数优先,遵循志愿
第四阶段	2014 年以后	平行志愿投档	探索"多元录取"

期间,1999 年广东省实行"3+X"方案试点,采取语文、数学、英语 3 门总分 + "X科"(由物理、化学、政治、地理、历史、生物等 6 科目中的一门或若干门组成)成绩作为录取资格线的方式,高校可以根据本校的层次、特点自行确定"X科",扩大了高校的办学自主权。

2002 年,广西推出了高考改革方案,其宗旨在于:有利于高校扩大招生自主权,满足高校依据不同专业特点选拔人才的需要;有利于考生扬长避短,根据爱好和特长,选择强项科目组合来应考。高考科目设置采用"3+X"方式,"3"即语文、数学、外语 3 科,为必考科目;"X"即由高校根据专业特点在物理、化学、生物、政治、历史、地理和综合能力测试等科目中自行选定。方案规定本科院校(专业)选 2 门,即在 21 种科目组合中选择,为扩大考生对本科专业的选择范围,考生除了在科目组合当中任选一组参加高考外,还可以再加选考 1 科,即"7 选 3";而报考专科院校(专业)则只需选 1 门参加高考即可,为"7 选 1"。这个方案的实质是采用分类考试,高校根据自己的院校特点和专业特点,向考生公布它所要录取的考生必须报考哪些科目组,考生则根据自己的兴趣爱好和特点决定自己的报考科目,填报的志愿应与其选考的科目组的院校和专业相一致,发挥了高校招生的自主权。该方案在实施的过程中遇到了一些问题与困难,因当时全国绝大部分省份、市、地区均采用"3+ 小综合"科目设置方案,导致广西的方案无法得到高校的普遍认同,方案难以实施到位。

2014 年之前,高校与学生在整个招生录取中并没有太多的权利,不论是选择方还是被选择方,均是较为被动地根据分数高低接受录取的结果,不能实现真正意义上的双向选择。虽然广东与广西,在扩大高校招生权利方面做了一些可贵的尝试,但因招生制度并未发生根本性变革,没有得到高考全要素的协调配合,仅仅进行局部的改革,无法实现预期的效果。

虽然在 2003 年,教育部批准清华、北大等 22 所高校开展自主招生,到 2006 年全国自主选拔录取改革试点高校扩大到 52 所,再到 2017、2018 年的 90 所,增加校长实名推荐制、自主组织测试、自主招生联考等形式的高校自主招生,但所占的比重比较小,加之需要规范管理,所以仍未大范围地推开。2014 年启动的新高考方案采用多维度的考核标准,从学生思想品德、学业水平、身心健康、艺术素养、社会实践等方面综合评价选拔学生,打破"唯分数论",实现多元录取,并且增加学校与学生的选择权,将双向选择的可能变为现实。

《国务院关于深化考试招生制度改革实施意见》(国发〔2014〕35 号)对以高考为核心的考试招生制度的作用进行了充分的肯定:"改革开放 30 多年来,我国考试招生制度不断改进完善,初步形成了相对完整的考试招生体系,为学生成长、国家选才、社会公平做出了历史性的贡献,对提高教育质量、提升国民素质、促进社会纵向流动、服务国家现代化建设发挥了不可替代的重要作用。这一制度总体上符合国情,权威性、公平性社会认可。"高考改革历程为新高考方案的实施提供了宝贵的理论与实践经验。考试招生改革是一个整体的系统的工作,不仅涉及考试制度的改革,还涉及招生制度的改革,改革开放以来招生制度改革的重要启示是:高考改革要实现招生和考试相对分离,要建立政府宏观管理、专业机构组织实施、高校依法招生、社会参与监督的运行机制。

(三)国家社会发展需要变革人才选拔方式

高考作为国家考试,具有权威性与唯一性,高考政策是促进民族融合、控制区域发展差距、维系社会公平正义和社会秩序稳定的重要手段,关系国家的核心竞争力。因此,高考改革是一项关系到公民个人价值诉求、国家创新人才培养、社会利益再分配、国家未来发展与稳定的公共性大事件,其立意与价值体现着国家利益,可以说国家的需要是高考最重要的价值。

1. 国际环境的变化促使改革的发生

1996年联合国教科文组织发布德洛尔报告《学习:内在的财富》,全面阐述了国际社会对未来人类学习、教育问题的观点与认识,明确提出教育应围绕着学会求知、学会做事、学会做人和学会共处4种学习展开。进入21世纪,国际环境发生着深刻的变化,各国的竞争日益激烈,而国际竞争的实质是以经济和科技实力为基础的综合国力的较量,而人才和人的素质的竞争成为综合国力竞争的基础。习近平总书记在2014年9月9日同北京师范大学师生代表座谈时指出:"当今世界的竞争,说到底是人才的竞争,人才越来越成为推动经济社会发展的战略性资源,教育的基础性、先导性、全局性地位和作用更加突显。"许多国家都把教育作为国家发展和振兴的基础,大力培养人才。另外,国际社会的飞速发展促使现代人才观的标准发生了新变化,要培养适合国家发展需要、时代发展需要的创新型高素质的多元化人才,这对教育提出了新的挑战。国际形势的发展"倒逼"着全球的教育改革快速推进。

联合国教科文组织在2015年5月的《仁川宣言》和《教育行动2030行动框架》中,明确了2030年全球教育的总体目标是"确保包容和公平的优质教育,让全民终身享有学习的机会",这为未来15年的全球教育发展指明了方向。作为人口大国,中国政府主导下的各项教育改革的经验,对于国际社会早日实现2030年的教育目标有着重要的引领与示范价值,其中高考改革作为教育改革的重要组成部分,在实现这个目标的过程中具有重要的作用。

2. 新时期人才战略需要变革人才选拔机制

中国政府向来重视教育对国家经济发展和社会发展的重要价值,随着改革开放的不断深入,我国的经济得到了飞速的发展,"科教兴国"成为国家发展战略。中共十七大提出"教育是民族振兴的基石,教育公平是社会公平的重要基础。要全面贯彻党的教育方针,坚持育人为本、德育为先,实施素质教育,提高教育现代化水平,培养德智体美全面发展的社会主义建设者和接班人,办好人民满意的教育"。在此基础上,中共十八大和中共十九大报告中将教育提升到关乎民族复兴的高度。中国特色社会主义进入新时代,要把我国建成富强、民主、文明、和谐、美丽的社会主义现代化强国,满足人民对美好生活的向往,实现中华民族伟大复兴的中国梦,说到底要依靠人才、依靠教育,依靠教育现代化,把我国建设成为教育强国。党的十九大报告明确指出,"建设教育强国是中华民族伟大复兴的基础工程,必须把教育事业放在优先位置,深化教育改革,加快教育现代化,办好人民满意的教育","培养德智体美劳全面发展的社会主义建设者和接班人"。

根据"国家优先发展教育,教育优先满足国家发展需要"的"双优先"原则,高考作为国家选拔、培养人才的重要途径,必然要优先满足国家发展需要,满足国家的人才发展战略,满足国家综合国力提升的需要。高考作为国家重要的选才方式,可以让青年一代在基础教育阶段打下扎实的知识基础、形成创造性的思维和丰厚的人文与科学素养,为实现中华民族复兴的伟大梦想提供有力的人才保证。

3. 社会公平发展需要高考改革

从高考的发展历程看,高考一直在向着积极维护招考公平、公正的方向发展,为不同地区、不同出身的人提供平等发展、竞争的机会,高考面前人人平等,分数面前人人平等,高等教育的大门向所有的人敞开,根据个人的志愿从高到低地择优录取选择,这体现了社会秩序的公平与公正。

但是,从国家整体上来看,目前我国的经济发展与教育发展存在着不均衡的现象,这种不均衡带来的突出问题是教育资源配置的不公平,特别是优质的高等教育资源。西部偏远地区、贫困地区、少数民族地区的学生享受优质高等教育的机会远远低于北京、上海等经济、文化、教育发达地区。高考作为可以促进社会纵向流动的重要方式,如果只能在经济发达、教育发达的地区实现这种流动,而不能形成更大范围的涉及全体公民的社会纵向流动，那么势必会形成社会阶层区域性的固化，形成社会的不公平，影响社会和谐发展。随着我国高等教育的普及化和大众化，会有更多的学生进入高等学校学习，就更加需要建立更加公平的考试制度，来消弭因高考制度的原因而导致的不公平现象，促进社会和谐、稳定、健康发展。

4."人尽其才"的需求

中共中央关于制定"十三五"规划的建议提出，要落实并深化考试招生制度改革，优化人才培养机制，推动人才结构战略性调整，并把培养战略科学家、科技领军人才和高技能人才队伍放在同等重要位置，我国的高考从精英选拔朝着"人尽其才"的方向发展。

实现"人尽其才"就要求把学生作为考试的主体，而"一个标准"下，"一张试卷""一刀切"的考试，学生无法得到真正意义上的尊重，只能被动地接受高校的选择，没有形成学生与高校间的双向选择；而重视分数的单一选拔方式与职业高等学校招生的途径不畅，显然也不利于职业类的人才培养。

满足"人尽其才"的需求，必然需要国家立足于学生个人关怀与未来个性化的发展的角度，从制度层面对考试内容、考试标准、录取设计等方面做出系统的规划与设计，凸显学生作为高考考试、录取的主体地位。

二、新高考改革方案的框架

2014年9月4日，国务院颁发了《国务院关于深化考试招生改革的实施意见》（以下简称《实施意见》），标志着自1977年恢复高考制度以来最为系统、最为全面、最为深刻的新一轮高考改革的正式启动。该方案提出了新高考改革的指导原则和总体框架。其指导原则为：遵循教育规律，育人为本，促进学生健康成长成才。基本目标是：形成分类考试、综合评价、多元录取的考试招生模式。

（一）新高考改革的具体内容

作为中国高考历史上最为系统、最为全面、涉及要素最多的一次改革，此次高考改革涉及方方面面，包括评价方式、计分方式、招生录取等。具体如下。

1. 改革分数模型，采用"3+3"组合计算总分

改革考试科目设置，总分由"共同科目3科原始分数＋选择科目3科的等级分数"组成。其中，统一高考的语文、数学、外语3个科目不分文理科，每科分值与过去一样，150分为满分，外语科目提供2次考试机会；计入总成绩的高中学业水平考试科目，由考生根据报考高校要求和自身特长，在思想政治、历史、地理、物理、化学、生物等科目中自主选择，进行等级计分。

2. 完善学业考试，纠正学生偏科，提高教育质量

完善高中学业水平考试。教育部2014年12月发布的《教育部关于普通高中学业水平考试的实施意见》（教基二〔2014〕10号）明确提出了学业水平考试的意义、目标及考试内容等，作为保障教育教学质量的一项重要制度，学业水平考试要根据国家普通高中课程标准和教育考试规定，由省级教育行政部门组织实施，用来衡量学生达到国家规定的学习要求的程度。各省（区、市）根据国家发布的普通高中课程方案和课程标准的规定及要求确定考试内容，命题应紧密联系社会实际与学生生活经验，在全面考核学生基础知识和基本技能的基础上，注重加强对能力的考查。

考试范围覆盖国家规定的所有学习科目，引导学生认真学习每门课程，避免严重偏科。《普通高中课程方案（实验）》（以下简称《方案》）所设定的科目均列入学业水平考试范围，科目包括语文、数学、外语、思想政治、历史、地理、物理、化学、生物等，艺术（或音乐、美术）、体育与健康、通用技术、信息技术考试，可由省级教育行政部门制定统一要求，确定具体组织方式。对相关科目的实验操作、外语听力和口语的考试也提出了要求。

学业水平考试成绩是学生毕业和升学的重要依据。在实行高考综合改革的省（区、市），计入高校招生录取总成绩的学业水平考试的3个科目，由学生根据报考高校要求和自身特长，在思想政治、历史、地理、物理、化学、生物等科目中自主选择。学生可以在完成必修内容的学习，并对自己的兴趣和优势有一定了解后，再确定选考科目。《方案》要求，各地要合理安排课程进度和考试时间，创造条件为有需要的学生提供同一科目参加2次考试的机会。

3. 综合评价反映学生德智体美劳发展情况,可作为毕业和升学的重要参考

新一轮的考试招生制度评价改革中,开展综合素质评价是改革的核心内容之一。新高考将来使用"两依据、一参考"的录取制度。"两依据"是指依据统一高考成绩和学业水平考试成绩。"一参考"是指参考综合素质评价,这是我国首次将反映学生德智体美劳等情况的综合素质评价纳入高考评价体系。"综合素质评价主要反映学生德智体美劳全面发展情况,是学生毕业和升学的重要参考",要客观真实、综合地记录学生成长过程中的各类表现,包括思想品德、学业水平、身心健康、兴趣特长、社会实践等内容,要在这些内容中更加关注学生的社会责任感、创新精神和实践能力。

近年来,自主招生、综合评价招生等,均将综合素质评价作为入围或录取的重要参考。2020年1月,教育部出台《教育部关于在部分高校开展基础学科招生改革试点工作的意见》,推出面向36所"双一流"学校招生的"强基计划",综合素质评价的情况与考生的高考成绩、高校综合考核结果一并折合成综合成绩,作为考生录取的依据。

4. 统一考试,科学命题,公平评卷,建设国家题库

围绕"立德树人、服务选才、引导教学"的核心功能,提升高考的育人功能和积极导向作用,优化考试选拔功能,科学设计考试内容,强化能力与素养的考查导向:增强基础性,考查学生的必备知识和关键能力;增强综合性,体现学生的综合素质和学科素养;加强应用性,注意理论密切联系实际;增强探究性和开放性,考查学生的创新意识和创新能力,着重考查学生独立思考和运用所学知识分析问题、解决问题的能力。

公平评卷,加强评卷管理。从安保措施、评卷流程管控,到评卷教室、评卷监控室、扫描现场等的管理,再到评卷工作全过程——答卷扫描、试评、业务培训、上岗考试、双评、质量监控、复查、校验、成绩统计和合成等环节,各个环节管理制度到位、措施严格有序,确保评卷的质量,确保评卷的公平、安全、科学、准确、规范。

建设国家题库,加强国家教育考试机构、国家题库和外语能力测评体系建设。推进全国统一试题,2015年起逐渐增加使用全国统一命题试卷的省份。2019年高考全国卷共有3套,分别是全国Ⅰ卷(乙卷)、全国Ⅱ卷(甲卷)、全国Ⅲ卷(丙卷)。自主命题的省(市)有北京、天津、上海、江苏、浙江等,具体情况见表1-6。

表 1-6　2019 年高考全国试卷的使用情况表

试卷类型	适用地区	科目
新课标全国卷Ⅰ卷	福建、河南、河北、山西、江西、湖北、湖南、广东、安徽、山东	语文、数学(文/理)、外语、文综/理综
新课标全国卷Ⅱ卷	甘肃、青海、内蒙古、黑龙江、吉林、辽宁、宁夏、新疆、陕西、重庆	语文、数学(文/理)、外语、文综/理综
	海南(部分使用)	语文、数学、英语
新课标全国卷Ⅲ卷	云南、广西、贵州、四川、西藏	语文、数学(文/理)、外语、文综/理综
自主命题	江苏	语文、数学、外语、政治、地理、历史、生物、化学、物理
	浙江、上海	语文、数学、外语
	北京、天津	语文、数学(文/理)、外语、文综/理综
	海南	政治、地理、历史、生物、化学、物理

5. 规范考试招生

近年来,我国教育主管部门不断出台政策大幅减少、严格控制考试加分项目。2014 年底,教育部、国家民委、公安部、国家体育总局、中国科学技术协会出台《关于进一步减少和规范高考加分项目和分值的意见》(教学〔2014〕17 号),提出 2015 年 1 月 1 日起,取消体育、艺术等特长生加分项目;确有必要保留的加分项目,合理设置加分分值;探索完善边疆民族特困地区加分政策。地方性高考加分项目由省级人民政府确定并报教育部备案,原则上只适用于本省(区、市)所属高校在本省(区、市)招生。

2018 年 12 月,教育部、国家民委、公安部、国家体育总局、中国科学技术协会联合出台《关于进一步减少和规范高考加分项目和分值的意见》,对高考加分进行大幅"瘦身",加强规范管理,严厉打击加分资格造假。明确规定,从 2019 年 1 月 1 日起,取消体育特长生、中学生学科奥林匹克竞赛、科技类竞赛、省级优秀学生、思想政治品德有突出事迹等全国性鼓励类加分项目,此后获得相关奖项、名次、称号的考生,均不再具备高考加分资格。与此同时,取消地方性体育、艺术、科技、三好学生、优秀学生干部等鼓励类加分项目,进一步大幅减少其他地方性高考加分项目。加强考生加分资格审核,严格认定程序,做好公开公示,强化并完善过程与结果的监督管理。

6. 完善多元招生机制

为了破解"唯分数论""一考定终身"，国家不断进行多元招生机制的改革，推出了自主招生、综合评价招生、"强基计划"，具体情况详见表1-7。

表1-7　自主招生、综合评价招生、"强基计划"招生方式情况一览表

招生方式	实施时间	招生院校	招生对象	入围依据	录取依据	后续培训
自主招生	2003～2019年	（2019年）全国90所高校	具有学科特长和创新潜质的学生	主要是考生的申请材料	降分录取，最低可降至"一本"线	无特殊培养安排
综合评价招生	2015年至今	清华、北大、浙大、国科大等顶尖名校，以及在本省招生的部分省属高校	不同层次考生均可报名	考核方式以面试为主，注重考核考生的综合素质，涉及综合成绩、综合素质、学科特长、社会实践等多个维度。高校招生条件一般要求考生具备某个或几个方面即可	方式有两种：1. 直接降分录取；2. 将考生高考成绩、高校综合测试成绩和高中学业水平测试成绩按照一定比例折算成综合评价总分，择优录取	无特殊培养安排
"强基计划"	2020年起	36所"双一流"大学	有志于服务国家重大战略需求且综合素质优秀或基础学科成绩拔尖的学生	主要是考生高考成绩，极少数在相关学科领域具有突出才能和表现的考生，有关高校可制定破格入围的条件和办法，并提前向社会公布	考生的高考成绩、高校综合考核结果、综合素质评价情况等折合成综合成绩，由高到低顺序录取。其中，高考成绩的占比不得低于85%	探索基础学科拔尖创新人才培养模式

2003年，教育部开始推行自主招生，结束了此前高校只能在每年同一时间招考的历史。自主招生主要是选拔具有学科特长和创新潜质的优秀学生，是高校选拔录取工作改革的重要环节，在探索综合评价、破解"唯分数论"等方面起到了积极的作用。在实施的十几年间，根据国务院考试招生改革整体精神，教育部陆续出台相关的文件，规范自主招生改革，涉及报名、考察、确定名单、信息公布等各个环节。近年来，随着国家发展对人才的需求，自主招生面临着新的问题与挑战，譬如学科过于宽泛、重点不突出、招生与后期的培训不衔接、个别学校考核不规范等情况，这种招生方式于2020年起不再实行。

综合评价招生是高考改革逐步推动后兴起的新招生模式。该类招生最大的特点是基于考生高考成绩、高校综合测试成绩和高中学业水平测试成绩，按照一定比例计算形成考生综合总分，最后按照综合总分择优录取。在同一省份的综合评价招生中，高校层次分布较广，能够覆盖优等生和中等生。

在总结高校自主招生经验与首批高考改革实验区试点经验的基础上，教育部于 2020 年 1 月出台了《关于在部分高校开展基础学科招生改革试点工作的意见》，原高校自主招生方式不再使用，在部分高校开展基础学科招生改革试点（也称"强基计划"），根据国家重大战略需求，重点在数学、物理、化学、生物及历史、哲学、古文字学等相关专业安排招生，关注高端芯片与软件、智能科技、新材料、先进制造和国家安全等关键领域以及国家人才紧缺的人文社会科学领域。与综合评价招生、自主招生不同，"强基计划"缩小了招生数量，跳出了招生的狭义范畴，着眼于国家对人才的战略需求，聚集基础学科，并贯通了国家急需的拔尖人才的选拔与培养这两个重要的阶段，体现了高等教育为国选才、育才的责任与担当。

7. 高职招生实行"文化素质 + 职业技能"评价，多元化录取

2010 年颁布的《国家中长期教育改革和发展规划纲要》明确要求：逐步实施高等学校分类入学考试。高等学校普通本科入学考试由全国统一组织；高等职业教育入学考试由各省（自治区／直辖市）组织。2013 年，教育部文件出台的《关于积极推进高等职业教育考试招生制度改革的指导意见》（以下简称《意见》）进一步完善招考制度，要求高等职业教育考试招生制度改革要重点探索"知识 + 技能"的考试评价办法。《意见》形成了包括以高考为基础的考试招生办法、单独招生、对口招生、"3+2"中高职贯通模式等 6 种高职招生考试方式。

本次改革方案提出，高职院校考试招生与普通高校相对分开，实行"文化素质 + 职业技能"评价方式。中职学校毕业生报考高职院校，参加文化基础与职业技能相结合的测试；普通高中毕业生报考高职院校，参加职业适应性测试，文化素质成绩使用高中学业水平考试成绩，参考综合素质评价。学生也可参加统一高考进入高职院校。2015 年通过分类考试录取的学生占高职院校招生总数的一半左右，2017 年分类考试成为主渠道。《2019 年政府工作报告》中提到，要改革完善高职院校考试招生办法，鼓励更多应届高中毕业生和退役军人、下岗职工、农民工等报考，2019 年大规模扩招 100 万人。

（二）新高考的重要举措、目标及意义

1. 分数组合

本轮新高考改革是一次重要的结构性改革，改变了分数组成结构，历史上首次打破文理科的分类。

20世纪80年代初，高考竞争激烈导致了片面追求升学率的现象，文理分科客观上加剧了学生的偏科现象。这种情况，虽然在21世纪初得到了一定纠正，但未在本质上得到改变。随着科学技术的发展和社会的变化，科学发展在越来越分化的同时，呈现出越来越综合的趋势，自然科学与社会科学的创新往往都产生在学科的交叉点上。这就需要高等教育的知识结构要打破传统学科的界限，提供通才教育，加强通识教育，拓宽专业面，向着跨学科、文理渗透趋势发展。

北京师范大学中国教育创新研究院2018年首次对外发布《21世纪核心素养5C模型研究报告（中文版）》，提出21世纪人的核心素养发展的"21世纪核心素养5C模型"，包括文化理解与传承（Culture Competency）、审辩思维（Critical Thinking）、创新（Creativity）、沟通（Communication）、合作（Collaboration），5C素养每个方面又包括3～4个二级维度，如表1-8所示。

表1-8　核心素养框架表

一级难度	二级难度
文化理解与传承素养 （Cultural Competency）	1. 文化理解
	2. 文化认同
	3. 文化践行
审辩思维素养 （Critical Thinking）	1. 质疑批判
	2. 分析论证
	3. 综合生成
	4. 反思评估
创新素养 （Creativity）	1. 创新人格
	2. 创新思维
	3. 创新实践
沟通素养 （Communication）	1. 同理心
	2. 倾听理解
	3. 有效表达
合作素养 （Collaboration）	1. 愿景认同
	2. 责任分担
	3. 协商共赢

五大素养从不同角度反映了 21 世纪人才必备的核心素养,它们之间既各有侧重,又紧密关联,形成一个有机整体。各素养的内涵阐释,既反映认知要求,又体现必备品格和价值观念;既反映结果目标,又突出过程目标。《教育部关于全面深化课程改革　落实立德树人根本任务的意见》指出,"研究制订学生发展核心素养体系和学业质量标准"是着力推进的关键领域之一。文理不分科从理论上讲,注重了学生的个性潜能和学科特长,在完备知识结构、思维方式基础上,使得培养文理兼修的复合型人才成为可能,从这个角度上说,对于学生关键能力与高中生核心素养的形成有着积极的作用。

因此,文理不分科可以引导基础教育改革,满足交叉学科、边缘学科、通识教育发展需要,促进核心素养落地,为学生终生发展搭建知性、感性、理性相统一的全面而坚实的知识结构、能力素养、精神世界,为国家未来发展需要的创新型人才培养提供更加丰厚的土壤;健全高考选才功能,促进高校改变人才选拔模式,重视各类学科的互相融合,推进高考招生制度现代化;将不同的学科放在平等的平台上供考生选择,有助于建立公平的教育观和平等的知识观,转变"重理轻文"的人才培养理念。

2. 多次考试

新高考改革方案明确提出要"逐步探索普通高中学业水平考试向不同年级学生开放,提供两次及以上考试机会的可行性"。在实施的过程中,部分科目提供了多次考试的机会,如浙江的外语和 3 门选考科目,各提供了 2 次考试机会;上海的外语科目提供了 2 次考试机会。部分科目提供多次考试机会,有利于促进学生认真学习国家规定的各门课程;有利于发挥评价对教学的诊断和反馈作用,有利于促进教学和学生的发展;有利于分散和缓解学生的心理压力;有利于减少偶然性因素对考试的干扰和影响,提升考试信度,使考试结果更接近学生的真实水平。

3. 等级分数

在"基于统一高考和高中学业水平考试成绩、参考综合素质评价的多元录制机制"的框架下,学业水平考试的成绩等级呈现方式直接体现着本次考试招生制度改革的基本理念和方向。与原始分计分方式相比,等级分数具有三方面的意义。

首先,有利于淡化"分分计较"。教育部《关于普通高中学业水平考试的实施意见》(以下简称《意见》)对等级呈现成绩提出了原则性意见,即一般分为 A、B、C、D、E 5 个等级,并规定了各等级的人群比例,淡化了过去对分数的计较。

其次,有利于高校选拔人才。从高校选拔的角度来说,一个重要的诉求就是成绩具有区分度。在实际操作过程中,实行高考综合改革的省份可以结合本地实际,在 5 个等级中再细分档次,方便评价和招生录取使用。比如,上海市就通过 B+、B- 等方式,再把 A、B、C、D、E 细分为 11 个等级,满足更高区分度的要求;而山东方案将等级分数转换成了更加详细的等级,具有很强的操作性,提高了区分度,满足高校选拔的要求。

再次,有利于实现真正意义上的"招生"。高校可以根据学校、专业所需的基础知识与能力素养结构,提出考生报考本专业的选科科目的要求,针对考生等级情况,参考综合素质材料,来选择未来专业上更有发展潜力的学生,为真正意义上的"招生"创造了有利条件,留出了更大的空间。

4. 分类分流

"分类考试"是新高考改革的重要内容,根据不同的培养目标和选拔目的,采用不同的评价方式进行分类选拔。一方面体现全面落实教育方针的要求,与高中新课改培养学生综合素质的要求一致,体现因材施教和差异化教学理念及多元知能理论,是对"唯分数论"的纠偏。另一方面也体现了各类高等院校培养目标、办学定位、教学内容的差异性特点,淡化各类高校间的纵向差异,而转向普通高等教育与高等职业教育之间的类型上的差异,以及高等教育各类学校之间的专业上的差异。

分类分流必然带来"多元评价"的改革,高校招生经过多年的改革,已由原来的单一的统一考试、统一录取发展为多种评价和录取模式并存的复杂的评价选拔体系,不同类型的学校、专业根据不同的培养目标、专业设置,采用不同的评价和招生方式;或者同一所学校因专业不同,采用不同的方式评价。

本次高考改革,高职院校是分类招生的突破口,主要体现为普职分流。《2019年政府工作报告》在谈到 2019 年经济社会发展总体要求和政策取向时指出,加快发展现代职业教育,既有利于缓解当前就业压力,也是解决高技能人才短缺的战略之举。要改革和完善高职院校考试招生办法,鼓励更多应届高中毕业生和退役军人、下岗职工、农民工等报考,2019 年大规模扩招 100 万人。高职院校将更加充分地体现"分类考试"的改革趋势与格局:与本科院校一样统考统招,实行自主招生或综合评价招生,注册入学等。

根据《2017 年全国教育事业发展统计公报》,我国中等职业教育毕业生 496.88 万人,提高中职升高职的比例,可以满足各地对中职、高职人才的需求,坚持就业与专业需求为导向。高职扩招的另一部分重要生源,是退役军人、农民工、下岗职工,对于他们的招生,可实行注册入学、申请入学制度,即只要有高中学历,就可注册入学、申请入学。可以获得进入高职院校深造、学习更高技能机会的人群将扩大,对于构建学习与交流、打通各种学习的通道,有着重要的意义。这一政策,还可解决涉及高等学校招生规模一半左右的异地高考问题,可以进一步促进高考公平。

5. 多元测评

《国务院关于深化招生制度改革的意见》明确提出:"改革招生录取机制。探索基于统一高考和高中学业水平考试成绩、参考综合素质评价的多元录取机制。"国家统一考试能够充分地体现国家意志,体现党和政府的政策,统一试题、统一标准、改革考试内容在促进公平正义、保证学生基本能力素养水平方面有着重要意义。综合评价能够记录学生高中学习的全过程,从更加全面的角度评价学生,有助于打破"唯分数论"和"一考定终身"的传统录取思维,把教育的关注点与重心从考试备考转移到日常的教育中,从考试结果转移到教学的过程,这一过程也是育人的过程。高校招生选拔模式呈现多元化、综合化的趋势,评价方式更加多样,评价的主体更加丰富,将在一定程度上扭转"唯分数论"的人才选拔观,创造良好的选才氛围,不拘一格选才。

6. 自由选科

培养学生独立思考、主动参与的意识与能力,是素质教育与高中课改的目标取向,新高考改革使学生从考试科目中的被动接受者变为主动选择者,尊重学生在评价中的主体地位,尊重学生的选择权与个性的发展权,符合教育规律,符合人的发展规律,体现了党的十七大以来确定的"以人为本"的教育观。新高考改革方案打破了长期以来的文理分科、"3+1"等考试方案,其理想的目标是:在高中教育阶段,更好地以学生为本、因材施教,进一步增加高中学生课程学业的选择性和差异化,促进学生学术兴趣的培育和发展。在全面实行高中学业水平考试的基础上,高校招生跨越文理界限,实现"必考 + 自由选考"的科目组合,充分体现了对学生选择权的尊重,有利于促进学生在共同发展基础上的个性化发展。

三、新高考改革实验区情况概述

2014 年 9 月,国务院印发《关于深化考试招生制度改革意见》,上海、浙江作为首批改革实验区,率先启动新一轮的高考综合改革,2017 年首批考生参加了新高考;2018 年,北京、天津、山东、海南 4 个省(市)成为第二批新高考改革实验区,从 2017 年入学的高一学生开始实施;2019 年,江苏、河北、重庆、辽宁、福建、湖南、湖北以及广东 8 个省(市)作为第三批试点进行高考改革,从 2018 年入学的高一学生开始实施。在国务院出台的《关于深化考试招生制度改革意见》框架下,参考首批实验区的改革经验,各省人民政府和教育考试院出台了改革实施方案、综合改革试点方案和学业水平考试实施办法等文件,改革基本方向、基本理念完全一致,内容有很大的趋同性。但在具体的细节上,各省(市)有所不同。

(一)第一批、第二批的情况

下面以列表的形式,对浙江、上海、海南、山东、北京、天津等省(市)的高考方案,从考试科目范围、等级考计分方式、外语两考、招生录取情况等角度,进行概要式梳理。

1. 考试科目范围

新高考改革实验区的科目设置情况,具体见表 1-9。

表 1-9　新高考改革地区考试科目设置表

省(市)	科目	等级考试		必考科目		总分满分
		次数	考试时间	科目	考试时间	
浙江(2014 年)	7 选 3	2 次	4 月、10 月,高一即可报考	语文、数学、外语	6 月全国统一高考	750
浙江(2017 年)	7 选 3	2 次	1 月和 6 月,高二起方可参加			750
上海(2014 年)	6 选 3	1 次	5 月下旬,地理、生命科学高二可参加;其余科目高三参加			660
上海(2017 年)	6 选 3	1 次	5 月下旬,地理、生命科学高二可参加;其余科目高三参加			660

续表

省（市）	科目	等级考试		必考科目		总分满分
		次数	考试时间	科目	考试时间	
海南、山东、北京	6选3	1次	6月全国统一高考后，高三下学期	语文、数学、外语	6月全国统一高考	750
天津	6选3	1次	5月中下旬，高三下学期			750

　　从考试科目的设置上看，除浙江继续保持"7选3"外，其余试点省（市）均采用了"6选3"的模式；考试时间上看，根据2014年先行试点的上海、浙江的试点经验看，等级时间安排若过早，会干扰正常的教学秩序，因此浙江在2017年对考试时间进行了调整；第二批试点的省（市）大部分根据教学实际情况，将等级考时间安排在了高三下学期。

　　2. 等级考计分方式

　　高考改革各实验区的计分方式各有不同，具体情况见表1-10。

表1-10　新高考改革地区等级考计分方式表

省（市）	等级数	各等级比例分配	等级赋分	均值	标准差	归一值
浙江	21级	1, 2, 3, 4, 5, 6, 7, 8, 7, 7, 7, 7, 7, 7, 6, 5, 4, 3, 2, 1, 1	按比例赋分，100～40分，相邻级差3分	71.26	13.75	22.93
上海	11级	5, 10, 10, 10, 10, 10, 10, 10, 10, 10, 5	按比例赋分，70～40分，相邻级差3分	55	8.75	29.17
北京	21级	1, 2, 3, 4, 5, 7, 8, 9, 8, 8, 7, 6, 6, 6, 5, 4, 4, 3, 2, 1, 1	按比例赋分，100～40分，相邻级差3分	72.16	13.64	22.73
天津	21级	2, 3, 4, 5, 6, 7, 7, 7, 7, 7, 6, 6, 6, 6, 6, 5, 4, 3, 1, 1, 1	同浙江	72.94	14.36	22.73
山东	8等80级	3, 7, 16, 24, 24, 16, 7, 3	分等级线性转换，100～21，相邻级差1分	60（正态线性方案）	15.6～15.9	19.5
海南	标准分					

　　除海南坚持使用标准分外，各省的等级考均采用等级赋分方式，在分数模型

方面展现了各自特色。经过对实际分数分布的验证,各省(市)的均值和标准差的估计精确度较高,可以用于分析转换分数的分布变化。

3. 外语两考

山东、北京仅听力两考,而其他省份的外语笔试与听力均为两考,时间安排上也各不相同,具体情况见表 1-11。

表 1-11 新高考改革地区外语考试情况表

省(市)	考试形式	次数
浙江(2014 年、2017 年)	外语笔试与听力合并	均两考
上海(2014 年、2017 年)	笔试与听说测试分离	均两考
山东	外语笔试与听力分离	仅听力两考
天津	外语笔试与听力合并	均两考
海南	外语笔试与听力合并	均两考
北京	外语笔试与听力(机考)合并	仅听力两考

4. 本科招生录取情况

表 1-12 新高考改革地区招生录取方式汇总表

省份	招生科目要求	录取依据	志愿投档
浙江	高校分专业类或专业确定选考科目范围,至多不超过 3 门,考生选考科目只需 1 门在高校选考科目范围之内,就能报考该专业(类);无选考科目要求的,则是无科目限制	依据统一高考和高中学业水平考试成绩,高校确定专业选考科目及其他选拔条件要求,综合评价,择优录取	专业 + 学校录取不分批次,专业平行投档。填报志愿与投档按考生成绩分段进行
上海	高校针对各专业从 6 门等级考中,分学科大类自主提出选考范围,最多不超过 3 门,满足其中任何 1 门,即可报考;无选考科目要求的,则无科目限制	依据高考成绩,推动高中学生综合素质评价信息在自主招生等环节中的使用	合并"一本""二本"录取批次,按照总分与"院校 + 专业"填报志愿,平行志愿投档
北京	高校各专业根据需要从 6 门等级考中,指定 1 科、2 科、3 科或"不指定科目要求"	以统一高考和高中学水平考试成绩为基本依据,同时参考综合素质评价	按照院校专业组方式,根据"分数优先、遵循志愿"原则投档;本科一批、二批合并为本科普通批

续表

省份	招生科目要求	录取依据	志愿投档
海南	高校根据自身办学定位和专业培养目标,分专业(或学科大类)自主提出考生报考专业的科目要求	"统一高考 + 普通高中学业水平考试 + 高等学校自主考核"的综合招生方式	本科批次和专科批次;探索一档多投,增加高校与考生双向选择机会
山东	在山东招生的高校根据办学定位和专业培养目标,从6科中,提出山东招生分专业(专业类)等级考试科目要求	依据高考总成绩,参考综合素质评价	"专业(专业类)+ 学校"平行志愿报考
天津	高校各专业根据需要从6门等级考中指定选考科目要求,考生需要满足高校的招生条件	依据高考总成绩,参考综合素质评价	探索高校与学生双向选择的录取模式

　　各省(市)填报志愿均在高考分数出来之后进行,本科志愿不再分批次,且采用平行志愿的投档方式。高校根据专业的需要对考生报考提出具体的科目选择要求,或以"院校 + 专业"方式,或以"专业(专业类)+ 学校"的方式进行录取;同时,各省(市)均提出探索双向录取的方式。

　　5. 高等职业院校分类招生改革情况

表 1-13　新高考改革地区高等职业院校分类招生考试表

省份	招生方式
浙江	文化素质和职业适应性综合评价 高职提前招生、单独考试招生
上海	"文化素质"(中等职业教育公共基础课学习水平考试、思想品德评价等)+"职业技能"(专业技能学习记录等)+ 统一考试成绩 专科高职自主招生、应用类本科专业"三校生"招生
北京	"文化素质" + "职业技能" 单独招生、高职自主招生、综合评价招生、技能拔尖人才免试
海南	依据高考总成绩;"文化素质" + 职业技能测试 / 职业适应性测试
山东	实行"文化素质 + 专业技能"的春季高考、单独考试招生、综合评价招生
天津	实行"文化素养 + 职业技能"的评价 / 职业适应性测试

　　加大对高等职业考试招生的改革,是各省(市)高考改革的重要内容。基本的特点:一是形式多样,即有单独招生,也有高职专科的自主招生、本科的综合评价招生,还有对技能拔尖人才的免试招生;二是分类招生,基本上分为专科与本科两大类别进行,大部分省份将春季高考作为高职院校招生的主渠道;三是与过

去相比,扩大了招生对象的范围。

（二）第三批实验区新高考改革推进情况

2019 年 4 月,第三批启动高考综合改革的 8 省(市),在选考科目、时间、赋分方式和录取方式上均与第一批、第二批实验区有所不同。

1. 采用"3+1+2"考试科目结构

从选考科目上看,8 省(市)的方案为"3+1+2"的模式,"3"为全国统考科目语文、数学、外语,所有学生必考;"1"为首选科目,考生须在高中学业水平考试的物理、历史科目中选择 1 科;"2"为再选科目,考生可在化学、生物学、思想政治、地理 4 个科目中选择 2 科。方案突出了物理和历史在高校自然科学和人文科学人才选拔和培养中的基础作用,可以更好地满足学生成长和人才培养需求。

2. 调整考试时间

8 省(市)的外语考试在目前尚未具备多次考试的条件之下,维持现有考试不变,实行一次考试,江苏与广东把外语听说考试放在平时,实行机考,其他 6 省(市)只有 6 月组织一次外语听力和笔试考试。高中学业水平考试的选择性考试的次数均确定为一次,并安排在 6 月统一高考期间一并进行,由省里统一命题、统一考试、统一组织阅卷、统一公布成绩。

考试时间与次数的调整可以减少多次考试对中学教学的影响,也可缓解基层组织考试的压力,节约考试成本。

3. 赋分采用"原始分 + 等级分"的总分计分方式

8 省(市)的新高考考生总成绩由统一高考科目成绩和学业水平考试选考科目成绩构成,满分 750 分。其中,统一高考科目成绩以原始成绩计入考生总成绩。选考科目中,首选科目物理或历史使用原始成绩计入考生总成绩,每门满分 100 分;再选科目的两科目按等级赋分后计入考生总成绩,每门满分 100 分,采用"一分一档"的等级赋分。

等级赋分是 8 省(市)在对历年高考成绩、录取数据进行分析、演算的基础上,遵循"不让考生单科排序改变"和"确保选考科目的合适权重,确保转换分数良好区分度"的原则,通过数学建模,在接受度、区分度、拟合度、提升度以及稳定性和适应性的评价标准框架内确定的,具有较高的科学性和权威性,在最大程度上保证了绝大多数考生的利益。

4. 综合素质评价作为录取的重要参考

8省(市)公布的实施方案,体现了国务院确定的"形成分类考试、综合评价、多元录取的考试招生模式"的改革方向,高校录取实施"两依据,一参考"模式,即不仅依据3门统一高考科目成绩和3门学业水平考试选考科目成绩,还将综合素质评价作为录取重要参考,从"看分"走向"看人"。高校要按照教育部的规定,制定综合素质评价材料的使用办法,把评价的结果作为招生录取的重要参考。

5. 志愿填报采用"专业(类)+院校"模式

8省(市)在实施方案中明确,高校在安排招生计划时,将分成物理和历史两个类别分别编制;在录取时,将按照选物理的考生和选历史的考生两个序列分别排队录取。河北、辽宁、重庆等省(市)的考生志愿填报采取"专业(类)+院校"模式,即一所院校一个招生专业(类)为一个志愿,实行平行志愿投档录取模式。高校将严格按照本校招生专业的选考科目要求,根据人才培养要求,按照"物理学科类"和"历史学科类"两类分本、专科来分别编制招生计划,对选考科目的要求明确到每一个招生专业中。"专业(类)+院校"的招生录取方式,有利于高校录取到具有明确的专业志向的学生。

6. 推进高职院校分类考试招生改革

完善和推进"高等职业教育分类考试招生办法"是8省(市)高职招考改革的关键词和主路径,改革"将高等职业教育考试招生与普通本科教育考试招生相对分开",招生评价中"文化素质""职业技能"并重。福建和湖南分别提出"2020年实施新的高职院校分类考试招生制度"和"力争2020年使分类考试招生成为高职院校招生主渠道"。福建、江苏、广东、重庆、辽宁还明确提出,到2021年要形成"分类考试、综合评价、多元录取的高等学校考试招生模式,健全促进公平、科学选才、监督有力的高等学校考试招生体制机制"。

通过对三批高考综合改革实验区的改革方案的简要梳理,可以看出,新高考改革随着时代发展不断进行调整和变革,后一批实验区是在继承前一批实验区的改革经验的基础上进行调整、创新的。首批实验区在扩大学生的选择权、分散考试压力、招生录取从"看分"向"看人"转变方面取得了重要进展;第二批高考综合实验区在计分方式、考试时间上有所调整,解决了高中教育教学秩序受到干扰的问题；第三批高考综合改革实验区在全国教育大会之后推进，方案在科目设置上呈现出对前两批实验区出现的问题进行扭转的新变化，在平衡选科人数方面有了新的突破。

国家陆续出台政策对高考综合改革实验区出现的选科问题进行校正，教育部于2018年初制定了《普通高校本科招生专业选考科目要求指引（试行）》（以下简称《指引》），并已专门下发通知，要求2020年在上海、浙江、北京、天津、山东、海南6个高考改革试点省（市）招生的所有本科院校，在规定时间内按照《指引》要求编报选考科目要求，其中有两个重要内容对选考起到了重要的保障作用：

一是允许高校指定一门、两门或三门科目必考，解决同一院校同一专业在不同省份选考要求不同的矛盾，防止造成高校课程设置和人才培养的困境。

二是19个专业类必考物理，占总专业类数的20.4%（2017年上海高考的数据：8404个专业中只有8.2%的专业必考物理）。这19个专业分别是理学5个、工学13个、管理学1个，在这个底线的基础上，各高校在制定选考科目要求时，会有更多的专业类被限定为必考物理，尤其是高水平大学和高水平专业。

另外，在招生过程中，综合素质评价在综合评价招生、自主招生中起到了一定的作用，对于扭转"唯分数论"现象起到了积极的作用；普通高校与高职分类采取不同的录取方式招生，符合《国家职业教育改革实施方案》的要求，给每个学生提供了多样化的、个性化的、更适合自身发展的升学路径，使得培养人才更有针对性。

四、新高考改革取得的初步成果

从中国教育在线发布的《2019年高招调查报告》来看："截至2018年，我国的普通高校总数达到2663所，全国普通本专科招生规模达到790.99万人，高考录取率高达81.13%，在校生人数达2831万人，同时高等教育毛入学率达到48.1%。今年高考报名人数1031万，再次突破千万，但因为高职再次迎来大扩招100万，我国高等教育将提前完成普及化目标。"目前，新一轮高考改革正在平稳有序地推进，截至2019年，已有14个省（市）的高考改革平稳落地，改革区域分布由东部扩大到中西部，高考改革开始进入深水区。在这样的大背景下，梳理新高考改革取得的成绩，对于深入推进高考综合改革有着重要的意义。

（一）高校招生积极探索多元录取

对于我国高等院校招生来说，从单一高考统招向多元化录取的发展趋势已经越来越明显。随着高考改革的深入推进，综合评价改革试点工作逐步展开，范围不断扩大，招生人数也不断上升。据不完全统计，2019 年全国共有 99 所高校开展综合评价招生试点，其中有 14 所高校面向多地区进行综合评价招生，剩余 85 所高校在其省内进行综合评价招生。表 1-14 为针对多地区综合评价招生的院校。

表 1-14　针对多地区综合评价招生院校情况汇总表

学校名称	针对地区
清华大学、北京大学、上海纽约大学	全国招生（不做分省计划）
浙江大学	浙江、山东、广东、浙江
中国科学院大学	北京、山东、江苏、浙江、陕西、湖南、四川
上海科技大学	北京、上海、山东、江苏、浙江、江西、福建、河南、四川、贵州、云南、辽宁、天津、湖北、陕西、湖南、甘肃
北京外国语大学	北京、天津、河北、山西、内蒙古、辽宁、吉林、黑龙江、上海、江苏、浙江、安徽、福建、江西、山东、河南、湖北、湖南、广东、重庆、四川、陕西
南方科技大学	北京、河北、山西、内蒙古、辽宁、上海、江苏、浙江、安徽、福建、江西、山东、河南、湖北、湖南、广东、广西、重庆、四川、贵州、云南、陕西
昆山杜克大学	江苏、北京、天津、河北、上海、浙江、安徽、山东、河南、湖北、湖南、广东、重庆、四川、陕西、辽宁、吉林、福建
深圳北理莫斯科大学	北京、山东、广东、河北、山西、安徽、福建、江西、河南、湖北、湖南、四川、陕西、黑龙江
复旦大学、上海交通大学	上海、浙江
香港中文大学（深圳）	广东、江苏、浙江
西交利物浦大学	江苏、广东

数据来源：中国教育在线，《2019 年高招调查报告》。

以浙江省"三位一体"综合评价（高校将学生的学考、高考、综合素质评价三者成绩按一定比例折算成综合成绩，择优录取的评价方式）和上海市综合评价招生试点为例，新高考地区推行综合素质评价取得了重要进展。一方面，综合评价招生的覆盖面越来越广，采用综合评价招生的高校数量越来越多，招生人数逐年增加。在浙江省实施"三位一体"综合评价招生的高校已从 2011 年的 2 所增加到了 2018 年的 59 所，其中含 9 所部委及省外高校（如表 1-15 所示）。2018 年，浙江省通过"三位一体"综合评价招生方式所录取的学生达到了 10500 人，较 2017 年增加近 3000 人。

表 1-15　浙江省 2018 年 9 所部委及省外"双一流"大学招生情况汇总表

学校名称	"三位一体"计划（人）	统招总计划（人）
清华大学	105	8
北京大学	85	10+13（医学院）
上海交通大学	305	9+8（医学院）
中国科学技术大学	100	15
中国科学院大学	39	2
浙江大学	700	1618+270（医学院）
复旦大学	210	10+3（医学院）
香港中文大学（深圳）	120	未招生
南方科技大学	50	未招生

数据来源：中国教育在线，《2019 年高招调查报告》。

另一方面，综合评价已经成为个别高校的主要招生方式。据可统计数据显示，2018 年，在浙江实施"三位一体"综合评价招生的 9 所部委及省外高校中，除浙江大学以外的 8 所高校"三位一体"招生计划总人数为 1014，而这 8 所高校的统招总计划仅 78 人。2018 年，在上海市实施综合评价招生的院校共有 10 所，招生总计划为 2201 人。其中，复旦大学和上海交通大学 2018 年综合评价招生计划占总招生计划的比例分别达到了 90.43％和 88.91％。

这些年来，我国进行了诸多高校特殊类型招生方式的有益尝试。随着高考改革进程的深入，教育部从促进公平、科学选才出发，对特殊类型招生工作进行规范，建立更高水平的公平保障机制，来规范综合评价招生。随着高考改革的深入推进，综合评价改革试点工作逐步展开，范围不断扩大，招生人数也将不断上升。

随着 2020 年 1 月教育部《关于在部分高校开展基础学科招生改革试点工作的意见》的发布，2020 年将全面取消自主招生考试，面向"双一流"36 所高校开展基础学科招生改革试点工作，也称"强基计划"。"强基计划"是新高考改革有效的组成部分，招生的初衷是着眼于国家发展对于战略人才的需求，而非高校的招生需求;专业限定于国家发展所需的基础学科专业,而非宽泛的设置专业;录取方式实施综合考核评价,而非简单的降分录取的方式。"强基计划"站位更高,凸显公平,将为规范实施多元招生、高校科学选才开辟一个崭新的局面。

(二)新高考改革因地制宜平稳推进,由东部试点转向中西部扩展

从区域布局与社会经济发展水平上看,第一、二批启动高考改革试点的6省(市)均处于东部沿海地区,经济发展水平较高,教育资源比较丰富。而第三批高考改革的8省(市)则开始向中西部延伸,且各省的经济、教育等情况差异大,较为复杂。从报名人数上看,此前启动的6个省(市),除山东、浙江外,考生总量都相对较少。而此次启动的省(市)基本上都是高考大省,考生数量庞大。逐步推进的高考改革,给各地的基础教育发展带来更大的机遇与挑战。多样化的、多样本的改革理论与实践经验,将为我国全面实施高考改革提供依据与参考。

(三)高考新模式"3+1+2"

第三批8省(市)高考改革方案与此前启动的6省(市)方案有所不同,选考科目模式由"3+3"转向"3+1+2",物理、历史为首选科目,必选其一;在招生录取时,按物理、历史两个类别分列计划、分开划线、分别投档、分开录取。这一举措强调了物理、历史学科的基础性地位,有望解决此前其他省份高考改革方案执行过程中出现的物理选考人数下降的问题。在"3+1+2"模式下,选科组合由先前试点地区的20种组合降低至12种组合,有利于引导学生合理选课,并且降低了中学选课走班教学难度,更加符合地方实际,更有利于中西部省份推进高考改革。

另外,高水平大学对于物理的重视程度更高,此前启动高考改革的6省(市)已公布了2020年高校招生专业选考科目要求。其中,要求必选物理的专业数量增长非常明显。以上海本地40所本科院校的2020年高校专业选科要求为例,共有558个专业涉及选考物理的要求,其中必须选择物理的专业有380个,而2017年必须选择物理的专业仅有65个。

基于物理在科学研究中的基础地位,高水平大学对于物理的重视程度往往更高,更加注重考生的物理基础。以我国首个顶尖大学间的高校联盟九校联盟(C9)及中国科学院大学为例,分析这10所高校2020年选考科目要求发现,这10所中国顶尖高校对物理都非常重视,要求选考物理的专业数量更多。这10所高校中,有7所高校要求必选物理的专业占比超过了50%。其中,中国科学技术大学的全部专业均要求必选物理,中国科学院大学、哈尔滨工业大学、西安交通大学、浙江大学、清华大学、上海交通大学的这一比例分别为76.92%、74%、72.72%、72.2%、60%、51.16%。而如果学生选考物理,则可报考北京大学、复旦大学、上海交通大学、中国科学院大学、哈尔滨工业大学、中国科学技术大学这6所高校的全部专业。

(四)一分一档加强高考成绩区分度

高考改革因地制宜,不同地区根据其自身情况采取了不同的赋分办法。新启动高考改革的8省(市)方案中规定,首选学科(即物理、历史)以原始分计入高考成绩,再选学科(即化学、生物、思想政治、地理)采用等级赋分,并确定为"一分一档"。在之前新高考改革已落地的6省(市)中,海南以标准分呈现,除山东采用"一分一档"的赋分办法外,浙江、天津、北京、上海均采用了"三分一档"的办法,且所有选考科目均采用了等级赋分的方式。本次落地的8省(市)方案中所采取的赋分方式明显是针对考生规模扩大的情况,有效提升最终高考成绩的区分度。

(五)高职院校规模持续扩大

继1999年大扩招后,高等教育再次迎来大扩招,这次的主角变成了高职院校。2019年3月5日,李克强总理在《政府工作报告》中提出,2019年高职院校扩招100万人。高职院校在我国高等教育中具有非常重要的地位,教育部公布数据显示,2018年全国共有普通高等院校2663所,其中高职院校有1418所,占比为53.2%。近些年来,高职院校规模在持续扩大:一方面,高职院校数量保持了一直以来的增长趋势,近15年增长了371所;另一方面,高职院校在校生人数也在不断上涨,2018年达到了1133.7万人,近10年增长了17.5%。

此次高职扩招的生源目标并非传统生源,政府工作报告中明确提出四大生源,其中退役军人、下岗职工、农民工等非传统生源是此次扩招的核心。此次高职扩招显然是基于社会经济发展的特殊情况考虑:一是产业升级对劳动力的素质要求提高,二是针对中美贸易大战造成的行业性就业困难提出的教育领域的解决方案。

第二部分

山东省新高考综合改革实践概述

在 2014 年 9 月 4 日国务院颁布的《关于深化考试招生制度改革的实施意见》（国发〔2014〕35 号）指导下，根据国家新一轮改革的路线规划，山东省政府下发了《关于印发山东省深化考试招生制度改革实施方案的通知》（鲁政发〔2016〕7 号，以下简称《实施方案》），山东省高考综合改革正式启动。2018 年 3 月，《山东省深化高等学校考试招生综合改革试点方案》（以下简称《试点方案》）获教育部批准并正式向社会公布，山东高考综合改革正式揭幕。

一、山东省高考综合改革方案实施的基础

作为国家基础教育改革试验区，山东省的基础教育改革工作稳步推进，一直走在全国前列，具有深厚、扎实的改革基础。山东是公认的考试大省，而且省情与国情较为相似，东部、中部、西部差异和城乡差异等都较为明显，山东省的高考综合改革具有很强的代表性和重要的参考借鉴意义。

（一）实施高考综合改革是建设经济强省的需要

2018 年 1 月 3 日，国务院正式批复《山东新旧动能转换综合试验区建设总体方案》（国函〔2018〕1 号）。山东省是党的十九大后获批的首个区域性国家发展战略综合试验区，也是中国第一个以新旧动能转换为主题的区域发展战略综合试验区。总体目标是"坚持新发展理念，坚持质量第一、效益优先，以供给侧结构性改革为主线，以新技术、新产业、新业态、新模式为核心，以知识、技术、信息、数据等新生产要素为支撑，促进产业智慧化、智慧产业化、跨界融合化、品牌高端

化。建设践行新发展理念的高地、推进供给侧结构性改革的高地、对接国家发展战略的高地、承接南北转型发展的高地。建成全国重要的新经济发展聚集地和东北亚地区极具活力的增长极,为促进全国新旧动能转换、建设现代化经济体系作出积极贡献"。初步核算并经国家统计局核定,2018 年山东省实现生产总值(GDP)76469.67 亿元,位列全国第三位。目前,山东省正处在新旧动能转换、加快建设经济文化强省的征程中,加快推进制度创新,有力、有序、有效地推进新旧动能转换、乡村振兴、海洋强省等重点工作,高质量发展已全面起势。

新的发展形势带来了诸多新挑战和新问题,同样给教育事业发展带来新的挑战。建设经济文化强省,推进新旧动能转换,需要各行各业人才的支撑。高等教育是各类专业人才培养的摇篮,为各种类型人才的成长奠定基础。高考综合改革将从制度和实践层面转变基础教育、高校人才选拔培养体制与现代社会发展不相适应的地方。因此,推进高考综合改革,可以促进基础教育质量与高等教育质量的提高,为山东省今后几十年经济社会发展打下坚实的人才基础。

山东是一个经济大省、人口大省,也是高考大省,山东的高考综合改革是一件关乎民生的重大公共事件。高考制度作为教育的重要组成部分,推进高考综合改革不仅能够促进教育制度的逐步完善、区域协调发展、社会纵向流动、社会公平发展,而且有利于全省社会事业整体的改革创新。

(二)教育事业、教育改革稳步推进,为高考综合改革提供扎实的实践、理论基础

改革开放以来,山东省高度重视教育,认真贯彻党中央在各个时期关于教育改革的决策部署,稳步推进教育事业,推进教育改革,取得了一系列的成绩。在2000 年,山东省所有的县(市、区)全部完成了普及九年制义务教育、基本扫除青壮年文盲的"两基"任务,"两基"人口覆盖率超过 85%,成为全国首批实现这一目标的少数省份之一。21 世纪,山东的义务教育彻底实现了由"人民教育人民办"到"义务教育政府办"的根本转变,义务教育得到了快速的发展。在 2002 年开始的新一轮课程改革中,山东省的课程改革实验取得了显著成果,新课程理念得到了有效的落实,各项推进课程改革的工作机制得以建立,特别是促进学生发展的考试评价制度开始建立,综合素质评价开始进入评价视野。

2008 年 1 月,山东省颁布实施《山东省教育厅关于深化基础教育课程改革全面提高教育质量的意见》,加强了课程改革在基础教育改革中的核心地位,对于实施素质教育,推动科学发展,提高教育整体水平,实现"科教兴鲁"和人才强省战略,具有重要意义。《意见》提出要落实课程方案,加强教材管理,完善三级课程管理制度;强化课程实施,加强教学研究,提高课程实施质量和水平。要深化评价考试制度改革,构建符合素质教育的评价体系,完善学生评价机制。在此文件精神的指导下,山东省逐步建立和完善学生综合素质评价制度,建立了过程性评价和终结性评价相结合,重在过程性评价的评价机制。高中招生实行初中学生综合素质评价制度和初中办学水平综合评价制度,以学业考试取代升学考试,实施"两考合一",并以综合素质评价结果为依据采取多种方式录取新生,逐步扩大了高中招生的自主权。各地开展了因地制宜的中考改革,"多次考试、等级表达、综合评价、多元录取",为全省实施高考改革提供了宝贵的经验。

2014 年《省委办公厅省政府办公厅关于推进基础教育综合改革意见》颁布实施,2015 年密集出台了《山东省教育厅关于开展中小学教育质量评价工作的指导意见》《山东省教育厅关于完善初中学业水平考试和综合素质评价制度的指导意见》《山东省中小学教学基本规范》等一系列文件。这些文件对落实、推进素质教育,提高中小学办学水平和教育质量,对高考改革的实施,起到了重要的制度保障作用。

2002 年以来,新课程改革所倡导的素质教育核心理念逐渐获得了社会认同,并在实际教学过程中得以落实。课程管理模式发生了改变,"三级课程管理"基本建立。地方和学校获得课程自主权,校本课程成为高中课程结构中的重要组成部分,山东省教育厅出台的《山东省普通高中学校课程建设指导意见(试行)》,对普通高中校本课程开发和综合实践活动课程的实施起到了一定的引导和促进作用。在新课程观念的引导下,教学方式发生了深刻的转变,学生的主动性、积极性得到了重视和挖掘,学习方式已开始转变,学生的主体地位得到了尊重;在"必修 + 选修"的课程结构框架下,高中的选课走班制得到了真正意义上的实施。这些成功的教育教学改革实践,为新高考改革奠定了扎实的行动基础。

(三)山东省历年高考改革实践提供了丰富的经验

1977 年 8 月,邓小平同志主持召开了科学与教育工作座谈会。会议否定了 1966 年取消高考的措施,变"自愿报名、群众推荐、组织审查、领导批准"的招生

"十六字法"为"文革"前的"统一考试,择优录取"。高考于 1977 年第四季度举行,各省、市、自治区和高等学校设立招生委员会及招生办公室等机构负责录取工作。1978 年夏季,正式恢复全国统一高考。全国统一高考给所有考生提供了竞争机会,极大地激发了人们的学习积极性,并形成了浓厚的向学风气,社会"由乱而治",山东省的高考恢复和改革工作也正是从这一时期迈开了改革发展的步伐。1978 年高考制度全面恢复以来,高考科目的设置有过大的变革,也有过数次小的调整。山东省高考科目改革情况见表 2-1。

表 2-1　1977 年以来山东省高考科目设置变化汇总表

年份	高考科目
1977 年	理科:政治、语文、数学、理化 文科:政治、语文、数学、史地
1978 年	理科:政治、语文、数学、物理、化学 文科:政治、语文、数学、历史、地理 报考外语专业的加试外语
1979～1980 年	理科:政治、语文、数学、外语、物理、化学 文科:政治、语文、数学、外语、历史、地理
1981～1985 年	理科:政治、语文、数学、外语、物理、化学 文科:政治、语文、数学、外语、历史、地理 有关院校和专业加试生物
1987～1993 年	理工农医类:政治、语文、数学、外语、物理、化学、生物 文史类:政治、语文、数学、外语、历史、地理
1994～2001 年	理工类:语文、数学、外语、物理、化学(3+2) 文史类:语文、数学、外语、历史、政治(3+2)
2002～2006 年	理工类:语文、数学、外语、理科综合(物理、化学、生物)(3+X) 文史类:语文、数学、外语、文科综合(政治、历史、地理)(3+X) (外语考试增加听力,计入总分)
2007～2013 年	理工类:语文、数学、外语、理科综合(物理、化学、生物)、基本能力(3+X+1) 文史类:语文、数学、外语、文科综合(政治、历史、地理)、基本能力(3+X+1) (山东省自主命题)
2014～2019 年	理工类:语文、数学、外语、理科综合(物理、化学、生物)(3+X) 文史类:语文、数学、外语、文科综合(政治、历史、地理)(3+X) (陆续使用全国卷)

　　从 1977 年到 1987 年,高考科目设置一直在调整中:逐步在文理两类中增加了外语科目考试,在理科中逐步增加了生物科目考试。进入高考改革期,随着高中毕业会考制在全国的推行,在会考基础上的高考科目设置改革也显得必要而紧迫。1991 年,国家教委在湖南、海南与云南三省科目改革试点基础上,逐步形成了"3+2"高考科目设置方案。作为一个考试大省,山东省在高考科目的调整上比较慎重,于 1994 年采取了"3+2"的考试科目设置。为了适应不断发展的新形势,在推行素质教育的要求下,1998 年,教育部批复同意广东省自 1999 年起试行"3+X"科目设置方案。

　　1999 年 2 月,教育部正式发布了《关于进一步深化普通高等学校招生考试制度改革的意见》,提出了"3+X"科目设置方案,这次改革是历次科目设置变革中变化最大的一次。2002 年,山东省正式实行"3+X"的高考模式:"3"是指语文、数学、外语 3 门基本科目,"X"是指文科综合或理科综合,也称为"小综合";从2002 年开始,外语考试开始增加听力,并计入总分,打破了外语考试的无声状态。随着改革步伐的不断加大,2005、2006 年山东省在继续实行"3+X"考试方案的同时,语文、数学、英语 3 科首次自行命题,其他科目由教育部命题,即"X"文科综合或理科综合仍使用全国卷。2007 年起,实施"3+X+1",全部科目由山东省自行命题,"1"的基本能力考试成为山东高考的特色之一,这个方案一直到 2013 年因全国新一轮高考改革而停止。2014 ~ 2019 年恢复了"3+X"的高考方案,试卷由山东省自行命题过渡到全部使用全国卷。

（四）山东作为高考大省,可以为全国提供宝贵的实践经验

　　山东是人口大省,也是高考大省,从近三年考试大数据分析的结果看,山东省每年参加高考的人数均在 55 万左右,2017 年高考报名人数为 68.3 万,其中春季考生人数为 10 万;2018 年夏季高考报名人数为 59.2 万,居全国第三;春季高考报名考生 11 万人;2019 年夏季高考报名人数 55.9 万,春季高考报名 6.4 万。表 2-2、表 2-3 是 2017 ~ 2019 年的集中录取阶段本科、专科录取情况(数据来源于山东省招生考试院官方网站)。

表 2-2　2017～2019 年本科录取情况（集中录取）表　　　　　单位：人

年份	实考人数	本科录取总数	本科录取率	夏季高考							春季高考
				录取人数	理工	艺术理	文史	艺术文	体育	高水平	
2017	625448	277598	44.38	265863	171259	6911	49676	33945	3869	203	11735
2018	623948	272078	43.60	261178	169657	6953	48675	31810	4083	/	10900
2019	559000	279085	49.92	268183	172360	7302	49888	34352	4281	/	10902

说明：2018、2019 年高水平运动员未单独统计。

表 2-3　2017～2019 年专科录取情况（集中录取）表　　　　　单位：人

年份	实考人数	专科录取总数	夏季高考录取情况						春季高考
			人数	理工	文史	艺术文	艺术理	体育类	
2017	625448	249233	216691	96605	105976	11864	1991	255	32542
2018	623948	252139	216157	93889	106655	12861	2326	426	35982
2019	559000	262323	229443	105018	107665	13230	2730	800	32880

　　由此可以看到，除 2019 年专科录取大规模地扩大了单招人数外，本科、专科的录取人数 3 年来没有太大变化。山东省考生数量庞大，而山东省的优质高校资源与大部分省份相差无几，不如北京、上海、江苏等地丰富，"双一流"大学仅有山东大学、中国海洋大学 2 所，考生的竞争压力比较大。

　　每年报考的考生数量大，考试组织工作复杂繁重，招生录取形式多样，录取工作时间长，无论教育行政部门、招生考试部门还是高中学校、高等院校，均承受着巨大的社会压力。在这样的复杂情况下进行的高考综合改革，其理论与实践经验，均有重要的借鉴、推广、总结、反思提升的意义。

二、山东省新高考综合改革方案的特点

　　山东省新高考综合改革方案，既体现了党中央、国务院文件的改革要求，又吸收和借鉴了首批试点省份高考改革的成功经验，结合山东省实际，既努力规避

风险,又着力突破创新,特别是在等级考试、英语考试、综合评价招生、本专科分类考试等方面体现了山东特色。

（一）总体目标

山东省高考综合改革的总体目标是:按照有利于促进学生健康成长、有利于高校选拔人才、有利于教育教学改革、有利于维护社会公平的原则,到2020年形成分类考试、综合评价、多元录取的高校考试招生模式,健全促进公平、科学选才、监督有力的高校考试招生体制机制。

（1）体现育人为本。

山东省的高考改革从教育教学改革、考试改革、招生录取改革到高校人才培养改革均体现了育人为本的理念。通过考试改革和招生改革,注重对学生进行综合性、发展性评价,推动基础教育和高等教育改革,构建更加有利于学生健康成长、个性发展的人才培养体系。

（2）促进科学选才。

构建了以普通高校本科和专科分类考试为基础,包括统一考试招生、自主招生（2020年停止实施）、综合评价招生、单独考试招生等多种形式的高等教育考试招生制度,着力为每位学生提供合适的升学通道,为不同学生提供多样化的成长成才路径,搭建人才成长的"立交桥"。

（3）保障教育公平。

此次改革把促进公平公正作为改革的基本价值取向,结合山东考生总量大的特点,优化等级考试赋分办法,同时保持每门等级考试科目内学生成绩排名顺序基本不变,确保公平公正。

（4）规避考试风险。

在改革方案设计方面,立足全局、着眼大局,努力规避可能出现的风险。如,采用相对稳妥的6选3的方案,满足了学生对考试的选择权,减少科目组合,也给学校的教学、学生选科带来方便;合理设置考试时间,让考试时间符合学生多年的考试习惯等。妥善处理高考不同群体的利益诉求,为高考改革平稳落地创造条件。

（二）方案推进路线

表 2-4　山东省新高考改革方案推进表

时间	具体内容
2016 年	夏季高考文科综合、理科综合科目开始使用全国卷 出台普通高中学业水平考试实施方案 出台普通高中学生综合素质评价方案和中等职业学生综合素质评价实施方案 出台普通高中学生职业适应性测试指导意见 自 2016 年起，在部分中央部委所属高校和办学水平较高的省属本科高校，选择部分专业开展综合评价招生改革试点
2017 年	6 月底前出台《山东省高等学校考试招生制度综合改革方案》，启动高考综合改革 自 2017 年秋季入学的高中一年级学生开始，参加夏季高考的考生，考试成绩由统一高考的语、数、外和考生选考的 3 科普通高中学业水平等级考试科目组成：参加高职（专）单独招生和综合评价招生的普通高中学生，需要参加职业适应性测试 2017 年，分类招生考试成为高职院校招生主渠道 进一步减少高考加分项目，取消"山区、少数民族聚居地区的少数民族考生"高考加分项目 自 2017 年起，夏季高考实施招生录取批次改革和投档录取模式改革，本科段招生除提前批外，实行同一批次录取
2018 年	夏季高考语文、数学考试科目开始使用全国卷 组织实施调整后的普通高中学业水平合格考试 组织实施中职学生学业水平考试
2020 年	全面推进高校考试招生综合改革 进一步完善春季高考"文化素质＋专业技能"考试 建立本科高校分类考试、综合评价、多元录取的招生录取机制 在有条件的高职（高专）院校和本科院校的专科专业实施综合素质评价招生 招生采用"专业（类）＋学校"志愿填报和招生录取方式

从表 2-4 中可以看出，山东省高考综合改革，强化顶层设计，以高考为突破口，对高中学业水平考试制度、综合素质评价制度和高等学校考试招生制度等进行了整体设计，突出了系统性和整体性，形成了贯通基础教育和高等教育的多类型、长链条、全方位的综合改革。

（三）方案的内容

山东省高考综合改革是对高考招生制度的整体设计，是一次综合、系统、全面、深入的改革。主要内容包括完善普通学业水平考试制度、建立并规范高中阶段学生综合素质评价制度、夏季高考改革、深化春季高考改革等。

1. 完善普通高中学业水平考试制度

山东省的学业水平考试坚持基础性，突出选择性，促进学生个性发展。将考试分为合格考与等级考,合格考试成绩是学生毕业、高中同等学力认定的主要依据,等级考试成绩纳入夏季高考(统一高考,下同)招生录取。

(1)考试科目。

合格考试覆盖国家课程方案规定的所有学习科目,包括语文、数学、外语、思想政治、历史、地理、物理、化学、生物、信息技术、通用技术、音乐、美术、体育与健康等科目,其中音乐、美术、体育与健康科目的合格考试,以及通用技术科目合格考试的学校考试部分,采用"过程性学习成果 + 专项测试"的方式确定成绩,全省制定统一方案,各市组织实施,成绩分为"合格"与"不合格"。等级考试科目包括思想政治、历史、地理、物理、化学、生物 6 个科目,学生可根据自身兴趣、志向、优势和高等学校招生要求,在上述科目中自主选择 3 个科目参加等级考试,成绩以等级形式呈现,依据规则转换后计入高校招生录取总成绩。

(2)考试内容。

合格考试和等级考试实行全省统一命题、统一考试、统一组织阅卷、统一公布成绩。考试内容以各学科国家课程标准(含学业质量要求)为依据。合格考试范围为各学科课程标准确定的必修内容,等级考试范围为各学科课程标准确定的必修和选择性必修内容。

(3)考试时间。

合格考试实行多次考试,每学年组织 2 次,分别安排在每学年上、下学期末,每个普通高中学生在校期间,在每门课程学完后,均可依据课程安排自主选择考试时间,可多次参加考试。等级考试实行 1 次考试,每年组织 1 次,时间安排在 6 月份夏季高考后进行,每个普通高中学生在校期间只能参加 1 次选考科目的等级考试,考试成绩当年有效。

2. 建立并规范高中阶段学生综合素质评价制度

综合素质评价旨在客观反映学生德智体美劳全面发展情况,内容包括思想品德、学业水平、身心健康、艺术素养、社会实践 5 个方面的内容,评价结果作为招生录取学生的重要参考。思想品德主要考察学生在爱党爱国、理想信念、诚实守信、仁爱友善、责任义务、遵纪守法等方面的表现;学业水平主要考察学生基础知识、基本技能掌握情况以及运用知识解决问题的能力等,包括学分修习状况和学业考试成绩;身心健康主要考察学生的健康生活方式、体育锻炼习惯、身体机能、运动技能和心理素质等;艺术素养主要考察学生对艺术的审美感受、理解、鉴赏和表现等能力;社会实践主要考察学生社会生活中的动手操作、体验经历等情况。

对于综合评价结果的使用,要求高校根据自身办学特色、人才培养以及学校招生章程要求,制定科学规范的综合素质评价使用办法,并提前向社会公布。招生录取时,高校组织教师等专业人员,采取集体评议等方式对综合素质档案进行分析,对考生综合素质做出客观评价,并在录取时参考使用。

加强综合素质评价的管理。要以学生为整理材料的主体,并确保材料的客观真实;学校对学生提报入档的材料进行审核,通过多种渠道全面公示,接受监督;经审核、公示无异议的材料记入学生综合素质档案,纳入综合素质评价省级管理平台统一管理,形成学生的综合素质档案;学生的综合素质档案公示确认后不得更改。

3. 深化夏季高考改革

（1）改革考试科目与成绩组成。

考试科目不再分文理科。自 2020 年起,统一考试科目为全国统一高考的语文、数学、外语(含英语、俄语、日语、法语、德语、西班牙语)3 个科目,不分文理科。语文、数学考试于每年 6 月份按照国家统一高考时间进行。外语科目考试分听力和笔试两次进行,其中听力部分有 2 次考试机会,安排在高三上学期末进行,取最高原始分计入高考成绩;笔试部分有 1 次考试机会,安排在 6 月份国家统一高考期间进行,取原始分计入高考成绩。

总成绩由 3 门统一高考科目成绩和自主选择的 3 门普通高中学业水平等级考试科目成绩组成,总分为 750 分。其中,统一高考科目语文、数学、外语的卷面满分分值均为 150 分,总分 450 分;考生自主选择的 3 门普通高中学业水平等级考试科目每科卷面满分分值均为 100 分,转换为等级分按满分 100 分计入,等级考试科目 3 科总分 300 分。

（2）改革招生录取方式。

自 2020 年起,山东省夏季高考统一考试招生将由招生学校依据学生的统一高考成绩、高中学业水平考试成绩,参考学生的综合素质评价择优录取。在山东招生的高校根据自身办学定位和专业培养目标,从思想政治、历史、地理、物理、化学、生物 6 个科目中,提出在山东招生的分专业(专业类)等级考试科目要求,并提前 2 年公布。按"专业(专业类)+学校"方式实行平行志愿投档,增加志愿填报数量,最大限度上满足考生的志愿需求。

（3）完善综合招生制度。

自 2020 年起,在部分中央部属和办学水平较高的省属本科高校开展综合评价招生改革,探索高校多元录取招生模式,促进高校科学选拔人才。考生自主向相关高校提出申请,接受报考学校考核,按规定参加夏季高考并达到规定要求。综合评价招生的考生成绩由夏季高考语文、数学、外语科目考试成绩,高中学业水平等级考试成绩,高校考核成绩（含笔试、面试等）和学生综合素质评价成绩等组成,其中夏季高考语文、数学、外语科目考试成绩和高中学业水平等级考试成绩占比原则上不低于 50%。考生所在中学应依据学生综合素质评价省级管理平台的记录和学生在校表现情况,按照高校要求如实提供能够反映学生表现和发展的写实性材料及其他材料。招生高校制定并公开招生办法,明确报考条件,规定考核内容,严格考核程序,确定成绩比例,规范组织录取,做到所有信息公开公示,接受社会监督。

4. 深化春季高考改革

山东省的春季高考主要是以高职（专科）招生为主,其目的在于推行分类考试招生,促进现代职业教育体系建设。改革后的春季高考将实行春季统一考试招生、单独考试招生和综合评价招生这三类。

（1）春季统一考试招生。

春季统一考试招生总分为 750 分,实行"文化素质＋专业技能"的考试模式,根据有利于技术技能型人才培养和选拔的原则,科学调整春季高考统一考试招生专业类目,具体情况见表 2-5。

表 2-5　山东省春季高考招生考试情况表

总分	内容	科目	分值	考试形式	组织
750	文化素质	语文（120 分）数学（120 分）英语（80 分）	320 分	笔试	每年 5 月全省统一命题、统一组织考试、统一阅卷、统一公布成绩
	专业技能	专业知识	200	笔试	上一年度 7～12 月份;由山东省行业（专业）指导委员会牵头,院校组织实施
		技能测试	230 分或等级表达 A、B、C、D、E 五个等级,分别计 230 分、190 分、150 分、110 分、70 分	笔试、实际操作,或笔试与实际操作相结合的方式	

春季高考统一考试招生按专业类目实行平行志愿,考生根据报考的专业类目选择相应专业和学校。招生院校依据考生成绩,参考学生综合素质评价择优录取。

（2）单独考试招生与综合评价招生。

表2-6　山东省单独考试招生与综合评价招生情况表

招生类型	招生对象	实施范围	录取方式
单独考试招生	中等职业学校学生	省内具备中职学生继续培养条件、技术技能含量高的高职（专科）院校和本科高校的专科专业	参加招生院校组织的入学考试（包括文化素质和专业技能），可由招生院校单独组织，也可由相同或相近类型招生院校联合组织。招生院校依据考生入学考试成绩,参考学生综合素质评价择优录取
综合评价招生	普通高中学生	学校定位明确、招生管理规范、行业特色鲜明且社会急需的省内高职（专科）院校和本科高校的专科专业	参加招生院校组织的职业适应性测试。招生院校依据考生的普通高中学业水平合格考试成绩和职业适应性测试结果,参考学生综合素质评价择优录取

（四）方案的亮点与特色

在第一批高考综合改革实验区实践经验的基础上,山东省作为考试大省,其方案显得更加积极而稳妥。其亮点与特色主要体现在以下几个方面。

1. 创新高中学业水平考试

新高考综合改革允许多次考试,有利于消解"一考定终身"的弊端,但是多次考试也会给学生带来学习压力,增加负担,而且会在一定程度上干扰学生的学习节奏,打乱学校的教学秩序;多次考试也可能会带来考试不等值的问题,甚至可能会因高考的高利害而出现无实际意义的考试群体的增加,增加了考试成本,浪费社会资源。如何科学地确定高中学业水平考试的次数、考试时间、考试的形式,化解可能带来的问题,山东方案在高中学业水平考试的安排上给出了一个较为合理的答案。

山东省的高中学业水平考试分为合格考与等级考。合格考科目覆盖了国家普通高中课程方案规定的所有科目,而等级考则是思想政治、历史、地理、物理、化学、生物6个科目,体现了高中学业水平考试的基础性,要求学生要学好每一门课,全面提高综合素养,促进全面发展,能够在一定程度上防止学生过早出现偏科的现象;另一方面,学生根据自己的兴趣特长、未来的职业选择来确定等级考的科目,突出了考试的选择性,有利于学生个性发展。

从考试的时间看,合格考实行多次考试,学生学完每门课程后即可参加;等级考每年组织一次,考生在校期间只能参加一次,考试时间安排在6月夏季统一高考后进行。合格考实行多次考试,给学生更多的机会加强学业的全面发展;而统一时间安排且只能考一次的等级考试,在一定程度上可以缓解学生多次考试的压力,解决多次考试可能出现的不等值的问题,缓解考试组织环节的工作压力,防止过多的考试干扰学校正常的教育教学秩序等问题。

2. 高考科目设置稳妥

山东省的高考选科方案与大多数试点省(市)相同,为"6选3"的选科方式,这种选科方式有20种组合,与浙江"7选3"选考方案的35种组合相比,同样可以满足学生对扩大选择权的需要,但在走班排课、师资管理、软硬件配备等学校管理方面更加简单,考试组织也相对容易得多。在高考综合改革初期,采用"6选3"的方式,对于高考人数众多的大省来说,是一种稳妥的方案。技术学科(信息技术、通用技术)在条件成熟的情况下,才会考虑纳入考试的科目中。

除浙江外,大多数省份未将技术学科纳入选考科目。从浙江选考情况看,以温州为例,选考技术的学生人数在7个选考科目中的排名,从2016年的第4名、2017年的第2名,发展到2018年已经成为第1名,技术学科已经成为2018年温州地区参加选考的学生选择最多的一门科目。

技术学科包括信息技术和通用技术。信息技术新课程标准中,既有算法、数据结构、数据处理、信息安全等基础性内容,也有未来竞争的重点人工智能、大数据、物联网等技术最新发展内容。作为高考中一门新的科目,技术学科考试的改革探索过程中难免会出现一些挑战,可能会面临师资缺乏、命题质量和考核方式的问题。因此,在没有做好准备之前,采用"6选3"的模式,是比较稳妥的办法。

但从未来发展看,现代人类必须具备的三大素养是信息素养、人文素养和科学素养。从长远来看,技术作为选考科目列入新高考,对于国家的人才培养是非常有意义的。2019年全国政治协商会议上,全国政协委员、北京大学信息科学技术学院教授李晓明提交了《进一步加强基础教育阶段的信息素养培养》的提案。

该提案希望将信息技术纳入高考选考科目,还提出,针对我国普通高中的教育现状,将信息技术纳入高考科目,能够直接提升高中阶段该课程的开设质量,提升高中生的实际运用能力和操作能力,并且有利于与高等教育的衔接,这一点已经在浙江考生的大学教育阶段和各类相关竞赛过程中得到了验证。2019 年 3 月 14 日,教育部发布《2019 年教育信息化和网络安全工作要点》,提出 2019 年将启动 2 万名中小学生信息素养测评,推动在中小学阶段设置人工智能相关课程,逐步推广编程教育,还将编制《中国智能教育发展方案》。由此看,"7 选 3"的方案在不远的未来有实现的可能,各学校应当加强信息技术教学,积极做好"7 选 3"的准备。

另外,作为统考的科目,外语听力考试与笔试考试分离,听力考试安排在高三上学期的期末进行,在同一时间段内安排 2 次考试,每位考生机会均等,均可以进行 2 次考试,成绩取最高以原始分计入总成绩。这样的考试安排,避免了在 6 月因天气原因给听力考试带来的不利影响,避免因 2 次考试间隔时间过长而干扰学生的正常学习,最大限度地维护了考生的利益,提高了听力考试的安全性。

3. 等级成绩转换方式合理可行

在新高考方案中,选考科目等级分数是按照一定的比例,将参加考试的全体考生划分为多个等第,再对每个等第赋予相应的分数。山东省普通高中学业水平等级考试科目的计分规则为:将每门等级考试科目全体考生的原始成绩从高到低划分为 A、B+、B、C+、C、D+、D、E 共 8 个等级,根据正态分布确定各等级人数所占比例依次为 3%、7%、16%、24%、24%、16%、7%、3%。等级考试科目成绩计入高考总成绩时,将各等级内的考生原始成绩,按照等比例转换法则,分别转换到 91～100 分、81～90 分、71～80 分、61～70 分、51～60 分、41～50 分、31～40 分、21～30 分共 8 个分数区间,最终得到考生的等级成绩。

在比例划分和赋分方式上,各个省(市)的具体政策不尽相同。浙江、北京、天津等是按照比例设置了 21 个等级,上海市则为 11 个等级,级差均为 3 分。作为选拔性考试,成绩的区分度是实现考试功能的重要指标,根据山东省考生规模较大这一情况,山东省在分级等级上设置了 8 个等级,并采用了独特的分区间线性转换方案,分值间隔为 1 分,这样等级考科目的成绩既确定了等级,又产生了分值,从理论设计而言,这种等级考试成绩的呈现方式可以保证成绩转换后考生排名顺序基本不发生改变,同时也能够较好地提高考生成绩的区分度。8 个等级分数区间的分值及各区间的人数比例是基于山东省历年高考成绩大数据确定的，经过严谨科学的测算而得到，从目前看，是符合山东考生实际情况的一种合理可行的计算方法。

4. 综合评价招生录取凸显综合素质评价的作用

山东省自 2016 年起实施本科高校综合评价招生改革试点，印发了《山东省人民政府关于印发山东省深化考试招生制度改革实施方案的通知》（鲁政发〔2016〕7 号）、《教育部办公厅关于山东省开展普通本科高校综合评价招生试点的意见》（教学厅函〔2016〕36 号），推进分类考试、综合评价、多元录取考试招生模式改革，进一步扩大高校的招生自主权，促进高校科学选拔人才，引导中学全面贯彻党的教育方针，实施素质教育，激励学生提高综合素质，发展个性特长，为学生提供多样化的升学路径和公平机会。根据教育部要求，自 2016 年起，山东省在普通本科高校组织开展综合评价招生试点，确定了省域内的山东大学、中国海洋大学、中国石油大学（华东）、哈尔滨工业大学威海分校、青岛大学、山东师范大学、山东科技大学、青岛科技大学、山东财经大学 9 所本科高校开展综合评价招生试点。这是高考综合改革的一项重要实验，几年来取得了很好的效果。

在此基础上，山东新高考改革方案在综合评价招生体系中得到了进一步完善，将综合评价以赋分的方式计入学生的总成绩，拓展了评价的宽度，改变了"唯分数论"的线性评价，凸显综合素质评价的作用。自 2020 年起，综合评价招生采用多要素量化合成总分模式的"3+3+高校考核+综合评价"体系。其中，第一个"3"是夏季统一高考成绩，包括语文、数学、外语考试成绩；第二个"3"是学生自主选择的 3 科高中学业水平等级考试的成绩；"高校考核"是指高校自行组织的测试成绩；"综合评价"是指高校对考生的综合素质评价材料进行评价赋分，并以一定的比例计入考生总分数的成绩。这种招生体系，既关照了学生高中阶段学习成绩的终结性评价与学生整个中学阶段的学习过程，同时反映了招生学校从培养目标和专业特性出发对考生的要求，体现了学校的教育价值与理念，是相对较为全面的评价体系。

公平与公正是社会对高校招生最基本、最直接的要求。统考统招因考试命题、考试、评卷、录取等环节均为统一进行，评价的标准客观，过程中的各个环节均在社会的监督之下完成，其结果也得到了社会的高度认可。高校组织综合测试时，要求学生自行提报综合素质评价材料，这些材料的真实性、可靠性，是招生学校与社会共同关心的。为了确保高中学生综合素质评价档案的真实可信和结果使用的客观公正,2018年5月,山东省教育厅印发了《山东省普通高中学生综合素质评价实施办法》(以下简称《办法》),明确了综合素质评价的记录程序。全省统一建立山东省综合素质评价信息管理平台,为高中学校记录评价信息、高等院校招生录取以及各级教育行政部门管理使用提供服务。为确保记录在学生综合素质评价档案中的材料客观真实,《办法》将综合素质档案材料记录程序分为6步:写实记录、整理遴选、公示审核、上传确认、形成档案和查询,六步程序前后连贯,环环相扣。其中写实记录环节中提出,从高一新生入学起,每一名学生都要建立个人成长记录,有助于学生及时整理完善个人日常活动和成长情况,避免集中突击填写。在上传确认环节,明确了活动记录和材料在每学期的规定时间里上报,信息上传后,任何人不得进行修改。在查询环节,为便于系统操作,设定了查询功能,给予高中学校、学生及高校、教育行政部门不同的查询权限。

综合素质评价材料的使用既体现在引导学生成长方面,也作为高校录取学生的重要参考。《办法》在综合素质评价材料的使用与实施的组织保障上,也做出了明确的规定,确保综合评价材料使用过程与结果的严格、客观、公正。

5. 完善分类考试选拔机制

加快发展现代职业教育,是党中央、国务院的重大战略部署。为进一步贯彻落实《中华人民共和国职业教育法》和《中华人民共和国劳动法》,适应全面建设小康社会对高素质劳动者和技能型人才的迫切要求,促进社会主义和谐社会建设,国务院于2005年下发《国务院关于大力发展职业教育的决定》(国发〔2005〕35号)。2015年10月教育部印发了《高等职业教育创新发展行动计划(2015—2018年)》,明确提出,将通过3年建设,使高等职业教育整体实力显著增强,人才培养结构更加合理、质量持续提高,服务"中国制造2025"的能力和服务经济社会发展的水平显著提升,促使高等教育结构优化成效更加明显,推动现代职业教育体系日臻完善。

根据《山东省2012和2014年普通高校考试招生制度改革实施方案(试行)》的有关精神,山东省自2012年起,普通高校考试招生实行以国家统一考试为主、面向不同学生类型的分类考试办法,分为春季高考与夏季高考。从表2-7可以看出两类考试的不同。

表 2-7　山东省春季高考与夏季高考比较表（2012—2019 年）

考试类型	招生对象	命题方式	面向高校	考试科目	考试时间
春季高考	重点为中等职业学校学生，兼顾普通高中学生	省里统一命题，统一组织考试	职业院校和部分本科院校选拔合格生源	由知识、技能两部分组成。知识部分包括语文（120分）、数学（120分）、英语（80分）、专业知识（200分），专业技能（230分），总分750分。考试时间为每年的5月份	每年5月份
夏季高考	重点为全体高中学生，兼顾中等职业学校学生	全国统一命题、统一组织考试	本科院校选拔合格生源	为"3+X"，即语文、数学、外语＋文科综合或理科综合	每年6月份

山东的春季高考在一定程度上缓解了中学升学的压力，缓解了夏季高考给考生的压力，为考生带来更多的接受高等教育的机会；为一部分社会青年继续深造提供了机会，有利于延缓社会就业的压力，为更多的人提供机会继续接受教育；为高校扩大招生规模提供了机遇，为学校探索实行学分制创造了条件，有利于提高办学效益，促进学校加快专业改革，促进高校加快教学和管理等方面的改革。几年来，山东春季高考在招生方面取得了成功的经验并在社会上产生了良好的影响，为新高考方案继续深化分类考试奠定了良好的理论与实践基础。

《方案》进一步完善了高职（专科）院校招生录取制度，自 2020 年起，山东将建立包括统一招生考试、单独招生考试以及综合评价招生的春季高考分类招生体系。春季高考面向各中等职业学校学生开展单独招生考试，高职（专科）院校综合评价招生也将面向普通高中学生。分类考试倡导知识与技能并重，有利于应用型、技能型人才的培养与选拔，引导中等职业学校关注学生文化知识学习，更要关注学生技能发展，引领中职教育和基础教育人才培养理念与模式的转变，为国家建设提供更多的应用型与技能型人才。

三、新高考方案下新平衡的建立

高考招生录取是高等学校入学的选拔机制，同时也是一个竞争机制。在过去的高考制度框架下，无论从招生考试所涉及的各方——招生考试组织管理部门、高等学校、高中学校、考生，还是招生考试所关乎的招生政策、录取方式、学校教学组织、学生学习行为等各种因素，基本上形成了一种相对稳定的平衡，尽管在过去的 40 多年间,高考改革的步伐从未停止,但这种平衡并未在本质上被打破。新高考改革是有史以来最为全面的一次改革,改革涉及考试科目、选科方式、计分方式、招生录取方式等各个方面,新高考选拔机制为考生提供了"必考 + 选考"的成绩组合方式,其中多种组合的选考形成了考试的复杂性和不确定性,从而使考生的报考优化决策变得专业复杂化,这就使得过去在招生考试过程中形成的考生、学校、高校、招考机构之间的平衡被打破。

新高考改革的顺利进行,将依赖于各方利益合理均衡和招考供需关系的平衡。高考机制下的均衡,是在分类框架下的资源和各方利益分配的优化策略,这种状态可以通过引导达到,或者通过多轮运行后,反馈磨合达到,但后者可能在初期会产生一些调整性问题。从国家选拔培养人才与招生录取工作的使命出发,高中学校、高校、招生录取组织者均需要考虑竞争均衡和系统平衡,控制选择失衡,引导实现良性均衡。因此,从系统科学的角度,要建立新高考改革机制下最优化的平衡状态。

(一)提高学生的选择力将成为学校未来的重要工作

"增加选择性"是新高考改革的核心目标之一。把考试科目的选择权交给学生,选科决策就成为学生高中阶段一项重要的方向性决策。这个选择不仅影响他们的高中学习、高考成绩、职业选择、报考专业,甚至可能对其职业生涯的初期发展都会产生影响。在脱离了"3+ 综合"的平衡后,需要从原有平衡过渡到新的平衡,自由选择组合、复杂分类要求优化策略,而高中学生并不完全具备选择的能力,对所选的高考科目与相关的专业选择不明晰,给引导实现平衡造成一定困难。

从理论上讲,学生选科应当是建立在学习兴趣、专业选择以及职业生涯规划的基础之上。但从实际的选科情况看,大致有两种策略模型:一种是基于分数收益的科目选择策略模型。从各方面的调查数据显示,大部分学生的选科兼顾文理组合,但等级赋分的计分方式让相当一部分学生在选择科目时避开了学习有难度的学科,而选择相对容易且容易得分的学科,或者说是应试的强项学科,比如首批实验区出现的弃选学习难度较大的物理学科的情况,这种选考功利性带来了选科的失衡。另外一种是基于录取收益的专业选择策略模型即志愿模型。上海的有关调查研究显示,在学校系统指导的职业生涯规划下,大部分考生能够深入了解报考的专业，而且所选的学科与未来所报考的专业间的契合度比较高，但这种选择也是与学科考试利益交织在一起的，难以说明是否是在兴趣与未来职业发展影响下的真实选择。

因此，实现选科的平衡需要更多的方法引导和调控，这对学校、学生提出了新的要求。学生需要努力提高自我认识，对个人的兴趣爱好有所了解，能够从自己的兴趣爱好、个人未来发展需要出发，基于学业表现，提高选择力，能够自主做出合理的选择。但中学生的认知与心智水平尚未发展成熟，在权衡兴趣特长、未来发展与科目选择、专业间的关系时，并不能完全准确地做出判断与选择。在这种情况下，需要学校研究如何帮助学生综合地进行自我分析，客观准确地认识、评价自我；研究如何进行职业生涯规划指导，帮助学生树立职业发展观；帮助学生将个人兴趣爱好、职业生涯规划、未来专业发展、高校专业要求结合起来，做出科学合理的科目选择，最大程度上克服选科的盲目性与随意性。

（二）新高考背景下的高中学校教学管理新平衡的构建

高考改革实施的"3+3"的选考模式，打破了学校原有的教学管理平衡，班级管理方式、师资的储备、硬件设施准备、教师评价机制等都面临着新的调整，这种变化会带来短暂的失衡状态，但随着学校管理机制的调整，将建立一种新的教学管理平衡。

课程作为学校的教育活动的重要载体，其内容、形式、数量、质量，关乎培养的人才是否适应国家发展的需要，新高考改革要求学校在国家课程方案的基础上，根据学生的选课情况与学校的师资情况，对课程进行改革，给学生提供尽可能多的选择。因此，如何根据学校的实际情况、学生的情况，优化课程结构，突出特色与优势，这是学校未来的一项重要工作。

从班级管理上来看，过去的行政班管理方式将变成"行政班＋学科班"的方式，行政班与学科班需要发挥各自在管理上的优势，以均衡协调的态势形成新的班级管理模式。从首批高考改革实验区的实践经验看，学生的选科人数各校间差异较大，同一学校内不同的年份人数差异与同一年份不同学科的人数差异也会比较大。差异带来的失衡需要学校研究高考背景下的管理策略，一方面要有足量的教师储备，另一方面也要考虑到选考学科的师资过剩或不足的情况下的调整方案。

从教师评价方式来看,很多学校都会把高考成绩作为评价教师工作业绩的重要内容,传统的评价方式将被新高考下的评价方式替代,学校管理者要考虑怎样在高考成绩与任课教师业绩、行政与学科及班级管理者之间搭建一个新的评价体系,建立起更加合理的激励性的教师评价机制。

另外,从人才培养的贯通性看,高中学校承担着向高等学校输送人才的重要任务,高中阶段的教育质量与大学教育之间是否衔接,在一定程度上决定着未来人才的质量。高中学校要主动了解高校的培养理念、专业发展前景等,帮助学生理性思考未来所学专业与所选学科间的关系,提高学生在高中阶段学习与未来专业知识和能力素养之间的吻合度。

(三)高校人才选拔需求下的新平衡

在新高考方案的背景下,作为选拔生源主体的高校如何在生源质量和专业培养需要上寻求平衡,提出适合专业发展需要的选考科目要求,均衡专业设置与志愿选择,实现录取政策制定过程中的生源组织平衡(计划规模与报考趋向),是高校要重点解决的问题。

高校要充分发挥选拔录取的主体作用,科学设置各专业所必需的选考科目。高校对学生专业选科做出了要求,从1门、2门到3门,或者无选考科目限制。其中考生只要有一门符合要求即可报考以及无选考科目限制的这个要求,实际上在一定程度上降低了高校专业录取的针对性、有效性与科学性,降低了学生选考科目与高校录取专业的符合度,也为未来学生进入高校后的专业学习设置了障碍,不利于学生的专业发展。因此,高校要对学习各专业所需达到的学科知识基础做出规定,提出选考科目要求和录取标准,在生源选拔与培养人才方面切实发挥主体作用。

从首批实验区的高校专业设置情况看,过半高校专业尚未做好选考设置,有相当数量的专业(类)对选考科目设置未提出具体要求。高校对自身院校的特色与专业发展定位还要进一步明晰,应深入分析并明确认识学校发展特色、生源的核心素养要求、专业发展理念、人才培养目标、专业发展前景以及未来就业取向等,制订与之相匹配的人才培养计划,降低高校专业选考科目设置上隐含的科学性风险,最大限度地防止学生选考科目与高校录取专业不匹配的"错位"现象,真正实现录取的选择性。同时,根据生源充足与生源不足两种情况,及时调整选考科目设置要求,在动态的发展中形成生源组织与专业发展需求的平衡。从这个意义上来说,新高考将对高等教育多年来形成的招生平衡带来冲击,是高校寻求发展与突破的良好契机。在新高考改革机制的影响下,高等教育也将形成新的均衡发展状态,达成新的平衡。

信号理论认为,良好的信息传递有利于交易双方的选择,可以在很大程度上避免因信息不畅导致的盲目选择。这个理论同样适用于高考改革,高校可以通过学校官方网站平台、到高中宣讲、定期向学生家长开放、举办介绍会、借助电视电台等形式,多渠道加强专业宣传,使考生了解高校的专业设置方面的信息,以做出最适合的选择,避免因信息传递渠道不畅通而导致盲目选择。

(四)新高考对招生考试机构提出新的要求

招生考试机构在新高考改革背景下的平衡建立中发挥着重要的保障作用,其工作涉及整个招生考试的组织管理的各个环节,要根据建立新平衡的需要及时做出调整,在技术上、制度上、组织管理上提供更加有力的保障。

1. 推动智能考试,用科技代替人力,提高考试组织效率

新高考后,考试组织所需要的人力物力比以往增加,然而增加人力往往很难实现,需要利用科技手段减少考试组织中人的任务量,如考前采用人脸识别技术严把入场身份验证,代替原有的人工核对身份;考中采用智能行为分析,辅助甄别考场违纪作弊行为;考后采用网上智能阅卷,减少阅卷环节中阅卷老师的主观误差。

2. 推动政策配套技术措施的研究和设计

任何新的高考政策,都需要有专业人员进行研究、设计、开发和实验一整套与政策配套的技术措施。如招考分离和一年多考的实施,关键在于分数的可比性,需要测验等值技术与题库的支持。教育主管部门制定高考政策后,考试部门应当研究适当的技术去配合政策。具体算法和程序,需要有专业研究人员(熟悉教育考试、心理测量和数理统计的专家)根据政策进行研究和开发,而并非简单套用书刊上的方法或者公式就能解决问题。保证政策背后的考评技术支持,政策执行方能不偏不倚。

3. 加大投入,提供有力的保障

目前,浙江等级考试每年组织两次,浙江、上海、天津、海南的外语笔试与听

力均为两考。"一年两考"与"一次性考试"相比,增加了考试机构组织考试的人力、物力成本。考试机构的考试组织过程包括组织考生报名缴费、专家命题、印制试卷、考试编场、考前布置考场、考中考务管理、试卷扫描、网上评卷、成绩汇总、公布复核各个阶段。每个环节不仅需要足够数量的招考机构工作人员,又需要网信、公安、电力等多个部门的联动。考试准备环节如试卷押运需要视频监控,考试环节需要大型电力设施保障。每次考试需投入一定量的人力、物力。一年多考对招考机构而言,打破了过去一次考试的平衡,需要招生考试机构重新规划考试组织管理,投入更多的人力、物力、财力,做好考试的各项保障工作。

4. 加强政策宣传解读,提高考生认同度

新高考政策出台,需要及时进行媒体的正面宣传和专家权威解读,向考生及家长进行从高考改革背景、改革理念、改革目标,到考试办法、选科原则、计分方式、招生方式等方面内容的宣讲,引导考生正确进行选科,规划未来的专业发展,提高考生和家长对新高考制度的适应性。

第三部分

等级分数转换及其测量学意义

一、常见考试评价方式

目前国际测量评价常见的考试评价方式有原始分、百分位分数、等级分数、加权分等。各类评价方式特点如下。

（一）原始分

原始分是通过观测所得的未经任何加工的分数，所以又称为观测分数。原始分的计分方式为根据各题目的分值，通过统计卷面上正确题目的数量，将每个题目的得分简单相加，即为卷面实际反映的分数。在我国当前的教育考试中，通常使用原始分数作为评价学生能力和学习水平的标准，原始分数作为高考的评测结果也已实行了数十年。

原始分虽然有着简洁、明了、计算方便的优点，且具有广泛的社会认可度。但其本身存在缺陷，无法准确表达分数的真实含义：一是原始分数是卷面分数的简单相加，无明确的意义，不能直接表明位次信息；二是原始分数容易受到试题难度以及区分度的影响，无法精准预测、控制，稳定性差；三是同一批次考试不同科目、不同批次考试相同科目考试的原始分数表示的内涵不一样，不同批次不同科目间衡量单位不等值，因此不具备可比性、可加性。

例如，某次小明同学某科期中考试原始分为 91 分，期末考试原始分为 76 分。若直接通过卷面成绩比较，小明期中考试表现比较好，期末考试出现成绩下滑现象。事实是，期中考试考生平均分为 89 分，最高分为 100 分；期末考试平均分为 54 分，最高分为 77 分。由此看，实际为小明同学在期末考试中成绩突出。

由于受试卷难易程度的影响，原始分数极易出现整体成绩偏低或者偏高的情况,相邻年份成绩常出现起伏,直接用于比较是不科学的,且不利于高校录取,不利于准确评估教学。

(二)标准分

标准分是依据教育统计与测量的原理和方法经原始分转换而成的具有相同意义、相同单位和共同参照点的分数。标准分作为一种相对评价的分数,并不直接反映考生的卷面分数,而是主要体现考生在群体中所处的位置,是一种位置分数。

标准分,又称为 Z 分数,是一种以平均数为参照点,标准差为单位来描述原始分数在团体中的相对位置的量数,它表示团体中原始分在平均分以上或者以下几个标准差的位置。其计算公式如下。

$$Z = \frac{X - \bar{x}}{S}$$

其中 X 表示原始分,$\bar{x}$ 表示原始分的平均值,S 表示原始分的标准差。Z 分数由正负号和绝对值两个部分组成,正号表示原始分高于平均分,负号表示原始分低于平均分。

相对于原始分,标准分使用标准差作为描述相对位置的量数,因此分数之间等距,因此可使用标准分进行加减运算。标准分的计算公式为原始分与平均值之差除以标准差,原始分到标准分的转换为线性转换,不会改变原始分的分布形态,也不会改变原始分之间的相对位次。

标准分最大的特点是同批考生不同科目的标准分数之间等距,可以做加减运算,具备可比性和可加性。当测验内容、学科性质不同时,原始分是无法进行直接比较的;但是经过转换后的标准分因为单位统一、等值,是可以比较的。

例如,小明同学所在班级的科目 1 的平均成绩是 60 分,标准差是 7 分,小明同学科目 1 是 74 分;小明同学所在班级的科目 2 的平均成绩是 55 分,标准差是 3 分,小明同学科目 2 是 67 分,通过计算得出,小明同学科目 1 的 Z 分数为 2 分,科目 2 的 Z 分数为 4 分,则小明的科目 2 成绩更突出一些。

标准分的平均分为 0,标准差为 1。标准分在计算时一般很容易出现小数,甚至负数,造成使用上的不便。因此,测量学家提出对计算出的标准分结果进行处理:乘以一个常数,再加一个常数,其公式如下。

$$Y = AZ + \bar{B}$$

其中 A 与 B 均为常数。

在我国高考中,采用过标准差为 500、平均分为 100 的标准分,考生标准分成绩 $= 500+100Z$;大学英语四、六级考试(CET)自 2005 年开始使用标准差为 70、平均分为 500 的标准分数,即 $CET = 70Z+500$。

相较于原始分,标准分分数之间等距,可以做加减运算,也具备可比性和可加性。但是标准分也存在一些缺点:一是标准分不做转换时,由于平均分为 0、标准差为 1,所以在 Z 分数的取值中,一半数值为负值,一半数值为正值,公布时令人难以接受;二是标准分在原始分数的基础上进行进一步转换,计算时所依据的原理比较复杂,考生和家长难以理解;三是容易出现小数,计算过程中进行四舍五入也会使误差增大,给计算带来麻烦。

(三)等级分

等级分是指在某一特定的范围内,对某一特定的考生群体进行水平划分所给定的分数。一般将所有考生的原始成绩排序并计算各分值百分位,根据百分位划定水平区间,再对各区间进行等级赋分,等级水平区间的划分应具有一定的测量学意义并符合分数应用的有关要求。

作为教育测量分数模型的一种形式,在注重等级水平筛选的应用中,等级分可以更加清晰地标定群体层次,简化分数的解释和使用。原始成绩经过转换后,成绩的能力水平含义更为明确,不仅可以表达学生的知识与能力水平,还可以看到考生在整体考生中的位序。如新高考改革第一批试点省(市)中的上海,将考生成绩由高到低划分为 11 个等级(见图 3-1),每个等级和所占比例分别为 A+(5%)、A(10%)、B+(10%)、B(10%)、B-(10%)、C+(10%)、C(10%)、C-(10%)、D+(10%)、D(10%)、E(5%),每个等级考生对应的等级分数为 70～40,3 分一个等级。若参加考试考生共 10000 人,某考生原始成绩为第 3 名,则根据比例,考生为 A+ 等级考生,对应的等级分数应为 70 分。

表 3-1　上海等级分数比例划分与等级分数对照表

等	A		B			C			D		E
比例	15%		30%			30%			20%		5%
级	A+	A	B+	B	B-	C+	C	C-	D+	D	E
比例	5%	10%	10%	10%	10%	10%	10%	10%	10%	10%	5%
分数	70	67	64	61	58	55	52	49	46	43	40

目前,很多国家和地区的大学入学考试和高中学业水平考试都采用了等级分数的形式。英国高校入学招生考试(A-Level)成绩采用 7 等级制(A*, A, B, C, D, E, U),韩国大学修学能力考试(CSAT)成绩报告采用标准 9 分制(1～9),英国普通中等教育证书考试(GCSE)成绩采用 7 等级(A, B, C, D, E, F, G),法国高中毕业会考(8～11 门课程)采用 21 等级(0～20),德国高中考试成绩采用 15 等级,美国 ACT 考试采用标准分数 36 级。

(四)加权分

所谓"加权"是按轻重程度来赋予每项数值一定的系数,计算方法为:各项数值乘以其加权系数后求总和,然后除以加权系数总和。加权赋分是教育学科和心理学的测试与评价中常用的术语,其主要目的是调整测试均衡效应,更好地解释测试的结果分数。在为每个项目分配权重和分数之后,通过将每个标准的权重乘以它的得分并相加来计算加权赋分。

例如,小明数学分为 100 分,美术为 90 分。若数学科目和美术科目的权重不一样,那小明考试的总分不能是(100+90)/2;若按照美术占 40%,数学占 60%,则小明最终的加权分应该为:$100×60\% +90×40\% = 96$ 分。

(五)几种计分方式的比较

高等学校入学考试是各国教育体制中的重要组成部分,是衔接中等教育与高等教育的关键枢纽,是为高等教育选拔人才的测量工程,也是评价一国基础教育质量的重要方式。2014 年我国启动的考试招生制度改革,允许考生可自由选择科目组合,但是不同科目在考试难度上存在着差异,科目间不存在可比性。作为在高考中一直使用的计分方式,原始分数容易受试题难度、区分度、考生群体等诸多因素影响,不同年份成绩波动性大,不同学科的分数分布差异也较大,同一科目的不同批次、同一批次不同科目的考试原始分数标度不一,不同考试的分数单位不等值,同批次考试不同科目的分数单位不等值,导致其可比性和可加性较差。因此原始分不能进行直接比较,录取时又需将考生自由选择的等级考试科目纳入高考总分,进行排序比较,不同选考科目的原始分显然不能直接相加,在纳入高考总分前,需要将考生的原始分进行技术处理。

从量化数据分析的角度,分数要实现可比较,必须找到一个不变的测量参照点和一个对同一考生参加所有的考试都保持等值的测量单位。标准分由于考虑了科目的试题难度(平均分)和区分度(标准差),通常被认为是一个比较理想的参照点和等值单位。

通常而言,标准分分数之间等距,可以做加减运算,一般被认为是可用来进行分数比较的计分方式。然而使用标准分进行比较的前提是选择科目的考生总体相同。两个科目间存在差异,不是因为选择这两个科目的考生有差异,而是由于两科目的试题难度存在差异。对于选考科目而言,不同的选考科目考生水平是存在差异的,在这种情况下使用标准分进行计分并不科学。

等级分是介于原始分和标准分之间的计分方式。新高考方案中普通高中学业水平等级考试计入高考总分并使用等级分数是最为基础性的变革,先将考生按照比例划分为不同的等级,在每个等级内对考生原始分进行相应的等级分数转换。等级赋分的各等级比例是根据历史上多年的实际高考成绩分布情况来划定,并且在考试前公布,规则透明,比较容易得到社会的普通理解和接受。

二、我国高考制度演变中的分数处理模式

(一)原始分处理模式

由于人才培养理念和社会发展的需要,我国高考经历了数次变革。1949～1951 年由区域或各高校单独组织招生,1952 年开始全国统一考试招生,1966～1970 年停止招生,1971～1976 年实行推荐工农兵学员入学制度,1977 年恢复高考。在这几个阶段,大部分省份的高考成绩为原始分数:总分由各科目分数相加合成,以使用原始分数为主。

(二)标准分处理模式

将原始分转换为标准分是 1977 年恢复高考后的一项重大举措,涉及 7 个省份,历时 20 年。在 1985 年 1 月教育部第二届研讨会召开后,决定在广东省率先进行高考标准化改革的试验,采用部分学科、部分省份"由点到面、逐步推进"的策略,最后在全国推广。1989 年 6 月国家教委颁布《普通高等学校招生全国统一考试标准化实施规划》(教试字〔89〕1 号),要求 1992～1995 年应在全国建立起高考标准分制度。文件颁布后开始在全国正式实施标准化考试,涉及三个方面:一是命题,二是考试实施,三是分数解释。以高考分数报告为突破口,尝试将原始分转换为标准分。截止到 1997 年,推广到海南、河南、陕西、广西、山东、福建

等地,涉及考生 82 万人。从 2001 年起,试点地区(河南 2001 年,山东 2001 年,陕西 2002 年,福建 2002 年,广西 2005 年)纷纷停止使用标准分。2007 年,广东省也宣布停止使用,又重新使用原始分计算。这种方式由于其专业性而无法得到大众的理解与认可。广大考生无法通过卷面的计算来得出各自的成绩,也无法了解哪些考生在分数转换后发生了位次变化,只是模糊地感觉到"分数变动了"。这使考生产生了一种不确定性和不安全感,进而造成一种被不公平对待甚至暗箱操作的假象。实际上,针对标准分的专业性,政府部门做了大量通识性的解读和技术培训工作,但很快淹没在了社会各界的质疑声中。

(三)新高考等级分数赋分

作为落实《中共中央关于全面深化改革若干重大问题的决定》的重大举措之一,2014 年我国启动了自恢复高考以来最为全面和系统的考试招生制度改革。2014 年 9 月 4 日,国务院发布《关于深化考试招生制度改革的实施意见》,提出探索基于统一高考和高中学业水平考试分数、参考综合素质评价的多元录取机制,即"两依据、一参考"的考试录取机制;指出普通高中学业水平考试主要检验学生学习程度,是学生毕业和升学的重要依据,并确定在上海、浙江先进行高考综合改革试点。两省(市)于 2014 年 9 月公布了深化高考综合改革的实施方案。

2014 年 12 月,教育部发布《关于普通高中学业水平考试的实施意见》(下文简称教育部《实施意见》),提出选考分数的呈现和使用原则,计入高校招生录取总分数的选考 3 个科目分数以等级的形式呈现,其他科目一般以"合格"或"不合格"的形式呈现。教育部《实施意见》对选考科目的等级比例进行了大致的规定,以等级呈现分数的一般分为 5 个等级,位次由高到低为 A、B、C、D、E。原则上各省(区、市)各等级人数所占比例依次为:A 等级 15%,B 等级 30%,C 等级 30%,D、E 等级共 25%。E 等级为不合格,具体比例由各省(区、市)根据基本教学质量要求和命题情况等确定。

三、高考改革省(市)等级分数转换

(一)等级考选考科目设置

新高考调整了科目设置,赋予考生选考的自由:语文、数学、外语为必考科目,其成绩以原始成绩计入总分;选考科目可从政治、历史、地理、物理、化学、生物 6 门或者 7 门(信息技术)科目中任选,其成绩使用等级赋分的办法,将转换后的成绩计入总分。

从高考的使命和考试的意义上,高考考试科目设置及分数模型是高考制度的核心部分,代表了考试评价的导向和理念,也涉及教育制度、教育科学、教育测量方面的深度科学理论和方法。如何改进学科分类和科目设置,一直是高考改革的重心。新的考试分数设置体现了新高考改革的一些基本思路和理念,各个省份在科目设置和分数模型方面也体现了自己的特色。科目设置和赋分方法调整的主要目的是更好地适应招生录取,更好地评测选拔人才,体现高考的科学性。

各省(市、自治区)高考改革方案是在国务院《关于深化考试招生制度改革的实施意见》基础上细化而制定的,因此,存在极大的相似性。然而,各省(市、自治区)实际情况的特殊性又使各省(市、自治区)改革方案在选考设计、等级赋分、专业选考科目要求、志愿填报与投档等方面也有所不同。各省的选考科目设置方案大致相同。浙江省为"7 选 3",即从物理、化学、生物、历史、地理、政治、技术中选择 3 个科目,上海、山东、天津、海南为"6 选 3",即从物理、化学、生物、历史、地理、政治中选择 3 个科目进行等级分数转换。第三批实施改革的 8 个省(市)(广东、湖南、湖北、福建、河北、江苏、重庆、辽宁)选考科目组合采用"3+1+2"模式,即"语数外" + "物理 / 历史" + "(政治、地理、化学、生物)选 2"。语数外和物理 / 历史不做分数转换,其他选考科目进行分数转换。

(二)等级分数转换方案

新高考改革各省(市)分数转换方案详见表 3-2。

表 3-2　各省(市)等级分数转换方案一览表

省(市)	等级	等级区间比例分配(%)及对应等级分数	赋分方式	级差	转换分值区间
上海	11 级	比例:5, 10, 10, 10, 10, 10, 10, 10, 10, 10, 5	直接赋分	3 分	40～70
		等级分:70, 67, 64, ……, 40			
浙江	21 级	比例:1, 2, 3, 4, 5, 6, 7, 8, 7, 7, 7, 7, 7, 7, 6, 5, 4, 3, 2, 1, 1	直接赋分	3 分	40～100
		等级分:100, 97, 94, ……, 40			
北京	21 级	比例:1, 2, 3, 4, 5, 7, 8, 9, 8, 8, 7, 6, 6, 6, 5, 4, 4, 3, 2, 1, 1	直接赋分	3 分	40～100
		等级分:100, 97, 94, ……, 40			
天津	21 级	比例:2, 3, 4, 5, 6, 7, 7, 7, 7, 7, 6, 6, 6, 6, 5, 4, 3, 1, 1, 1, 1	直接赋分	3 分	40～100
		等级分:100, 97, 94, ……, 40			

续表

省（市）	等级	等级区间比例分配（％）及对应等级分数	赋分方式	级差	转换分值区间
山东	8 等 80 级	比例：3, 7, 16, 24, 24, 16, 7, 3	线性转换	1 分	21～100
		等级分：(100, 91), (90, 81), ……, (30, 21)			
广东	5 等 71 级	比例：17, 33, 33, 15, 2	线性转换	1 分	30～100
		等级分：(100, 83), (82, 71), (70, 59), (58, 41), (40, 30)			
福建等 7 省（市）	5 等 71 级	比例：15, 35, 35, 13, 2	线性转换	1 分	30～100
		等级分：(100, 86), (85, 71), (70, 56), (55, 41), (40, 30)			

上海

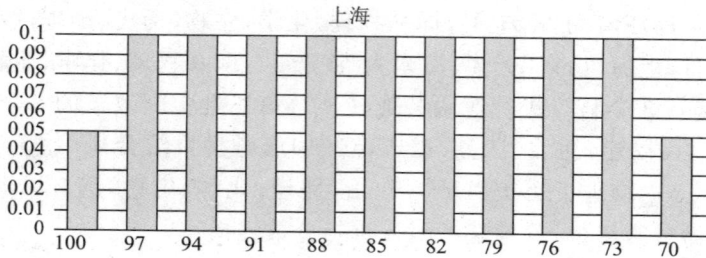

浙江

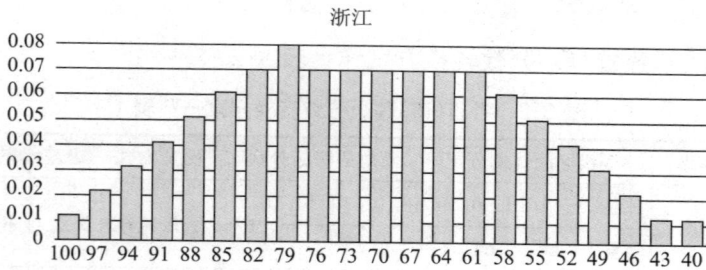

北京

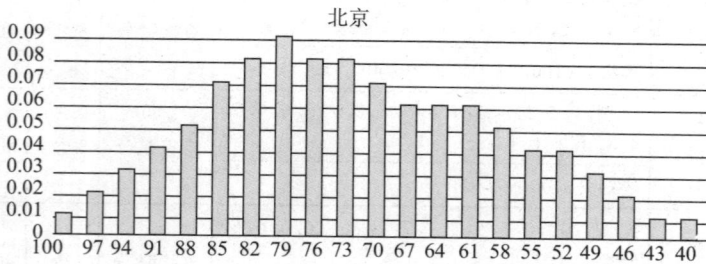

天津

山东

广东

福建、湖北、重庆、河北、湖南、江苏、辽宁 7 个省（市）

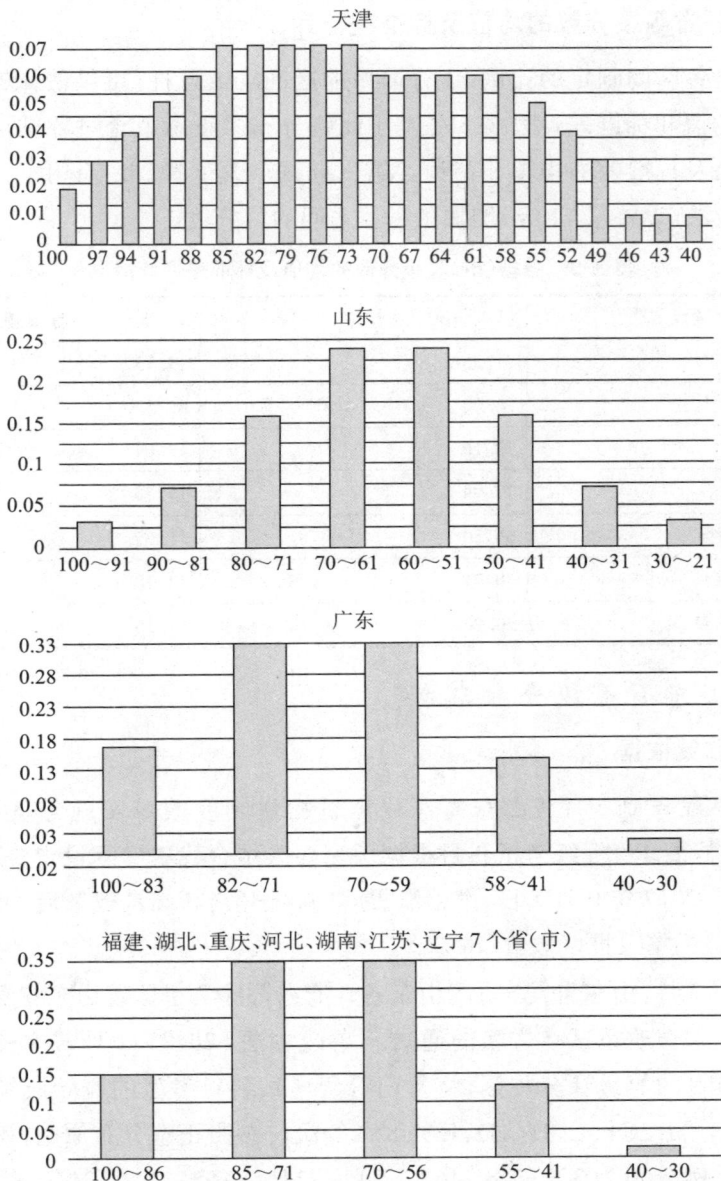

图 3-1　各省（市）等级分数转换后等级分数的分布形态

　　图 3-1 为各省（市）等级分数转换后等级分数的分布形态，从中可以看出上海转换后的等级分数，高分段和低分段所占比例较少，均为 5%，考生之间的差距被缩小；山东省转换后的等级分数形态更切合正态分布。

（三）各省等级分数的均值及标准差估计

通过对各区间制定的比例,进行简单的区间均值取样,可以估计各模型转换后分布的均值和标准差。表 3-3 是基于比例分布和正态拟合对各试点省(市)等级分数均值及标准差的推算和估计。第三批试点改革省(市)沿用了山东省等比例转换的做法,设置了 71 级,增加了考生之间的区分度。

表 3-3　各省(市)等级分数的均值及标准差估计情况

试点	均值	标准差
浙江 21 等级	71. 26	13. 75
上海 11 等级	55. 00	8. 75
北京 21 等级	72. 16	13. 64
天津 21 等级	72. 94	14. 36
山东 8 等 80 级	60. 50	15. 65
广东 5 等 71 级	70. 21	13. 78
7 省(市) 5 等 71 级	70. 24	14. 36

四、山东省等级分数转换

（一）政策依据

2016 年我省制定了《山东省深化考试招生制度改革实施方案》(鲁政发〔2016〕7 号),要求"等级考试科目根据国家要求结合我省实际设定,成绩以等级形式呈现"。2017 年 9 月 1 日,继上海、浙江首批开启新高考改革后,北京、天津、山东、海南成为第二批试点省(市)。

2018 年 3 月,山东省发布了《山东省政府办公厅关于印发山东省深化高等教育考试招生综合改革试点方案的通知》(鲁政办法〔2018〕11 号),文件中规定了等级考试科目的等级计分规则,将每门等级考试科目考生的原始成绩从高到低划分为 A、B+、B、C+、C、D+、D、E 共 8 个等级。参照正态分布原则,确定各等级人数所占比例分别为 3%、7%、16%、24%、24%、16%、7%、3%。等级考试科目成绩计入考生总成绩时,将 A 至 E 等级内的考生原始成绩,依照等比例转换法则,分别转换到 91～100、81～90、71～80、61～70、51～60、41～50、31～40、21～30 这 8 个分数区间,得到考生的等级成绩。

原始分数　　　　　　　　　　　等级分数

A等级（3%）　　　　　　　　　　91～100

B+等级（7%）　　　　　　　　　　81～90

B等级（16%）　　　等　　　　　　71～80

C+等级（24%）　　　比　　　　　　61～70

C等级（24%）　　　例　　　　　　51～60

D+等级（16%）　　　换　　　　　　41～50

D等级（7%）　　　　则　　　　　　31～40

E等级（3%）　　　　　　　　　　21～30

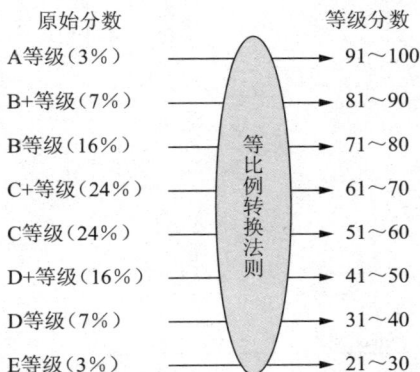

图3-2　山东省等级分数转换中原始分数与等级分数的对应关系

（二）高考科目设置与赋分办法

与以往夏季高考考试科目相比，由语文、数学、外语、文综／理综的文、理分科的模式，变为语文、数学、外语3门国家统考科目，各科满分150分，加上考生从物理、化学、生物、历史、地理、政治6门学业水平等级考试科目中任选的3门，各科满分100分，总分满分750分，不再进行文理分科。

结合山东省考生规模较大这一实际，山东省设置了选考科目分值范围为21～100分，8等80级，并使用了独特的分区间线性转换方案，分值间隔为1分。

（三）山东省等级分数转换

等级考试科目分数转换分科目进行，具体方法为：先将考生总体按照规定比例3%、7%、16%、24%、24%、16%、7%、3%，分为A、B+、B、C+、C、D+、D、E共8个等级，然后在每个等级中按照等比例转换法则进行转换。下面从转换步骤、转换算法以及对分数转换的理解三个方面进行说明。

1. 转换步骤

步骤一：原始分数分级。将考生原始分数从高到低划分为8个原始分数分级区间：$[x_{11}, x_{12}]$，……，$[x_{81}, x_{82}]$，每个区间的考生人数分别占全体考生的比例为：3%、7%、16%、24%、24%、16%、7%、3%。

步骤二：等比例转换。在每个区间内按照等比例转换法则进行线性转换，将原始分数 X（分别位于区间 $[x_{11}, x_{12}]$，……，$[x_{81}, x_{82}]$）转换为等级分数 Y（分别对 应 到 区 间 $[100, 91]$ $[90, 81]$ $[80, 71]$ $[70, 61]$ $[60, 51]$ $[50, 41]$ $[40, 31]$ $[30,$

21]），转换公式为：

$$Y=a_iX+b_i$$

$$a_i=\frac{y_{i1}-y_{i2}}{x_{i1}-x_{i2}}$$

$$b_i=y_{i2}-\frac{y_{i1}-y_{i2}}{x_{i1}-x_{i2}}x_{i2}$$

$$i=1,2,\cdots\cdots,8$$

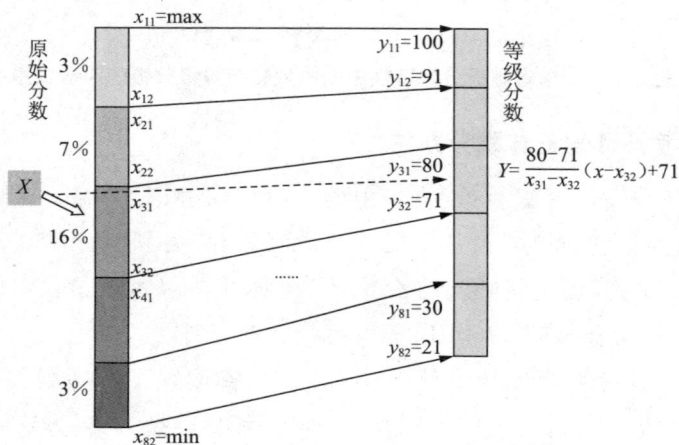

图 3-3　等级分数转换示意图

例如，某次考试中共有 20 万考生，将考生原始分数从高到低划分为 8 个原始分数分级区间，见表 3-4。

表 3-4　某次考试等级划分

等级	所占比例	原始分数区间端点	等级分数区间端点
A	3%	97～89	100～91
B+	7%	88～80	90～81
B	16%	79～69	80～71
C+	24%	68～62	70～61
C	24%	61～56	60～51
D+	16%	55～46	50～41
D	7%	45～30	40～31
E	3%	29～0	30～21

例如,在该次考试中,小明同学原始分数 89 分,小红同学原始分数 75 分,小兰同学原始分数 61 分。根据等级划分原则,小明同学应为等级 A 的考生,原始分数 89 分对应的等级分数为 91 分,则小明同学的等级分数为 91 分;小红同学原始分数 75,介于 69 与 79 之间,应为等级 B 的考生,原始分数 75 经过线性转换,对应等级分数区间为 71 到 80 之间,根据公式,小红同学的等级分数为(80〜71)/(79〜69)*(75〜69)+71 = 76;小兰同学原始分数 61,则对应等级 C,转换为等级分数为 60 分。

通过上述例子可知,等级分数转换后,相比原来的分数,等级分数会出现成绩升高或成绩降低的情况,这都是正常的,与考生所在的群体和考生的能力水平有关。若参加相同考试的成绩高的学生多,那等级分数比原始分数低的可能性大;若参加相同考试的学生均成绩较低,那等级分数比原始分数高的可能性较大。

2. 转换算法

输入:考生原始分数

输出:考生等级分数

(1)设定原始分数比例区间:3%、7%、16%、24%、24%、16%、7%、3%。

(2)设定等级分数对应区间:[100, 91] [90, 81] [80, 71] [70, 61] [60, 51] [50, 41] [40, 31] [30, 21]。

(3)计算原始分数分级区间:$[x_{11}, x_{12}]$,……,$[x_{81}, x_{82}]$。将考生原始分数从高到低排序,依次划定每个区间。

(4)分区间进行分数转换:在每个区间内按照等比例转换法则进行线性转换,将原始分数 X(分别位于区间 $[x_{11}, x_{12}]$,……,$[x_{81}, x_{82}]$)转换为等级分数 Y(分别对应到区间 [100, 91] [90, 81] [80, 71] [70, 61] [60, 51] [50, 41] [40, 31] [30, 21])

3. 分数转换的理解

将原始分数转换为等级分数后,分数发生了变化。考生成绩从原始分到等级分的转化过程中势必会存在分差模糊化现象。从分值本身考虑有两个方面发生了变化:一是分值精度,一是区间跨度。前者是分值尺度的精度,后者是分数分布的范围。如原始分值是 0〜100,转换后为 10 级分数(0, 10,……, 90, 100),会损失分值的差异性,相当于加大了分数的尺度,由原来的尺度 1 转为尺度 10。如果原始分数分布区间为 0〜100,转换后量表为 41〜100,则有效区间会损失

40%，从总体上损失了区分度。

相对于其他省（市）的等级划分，山东采用 8 等 80 级赋分区间（21～100）。等级的数量越多，各等级所对应的考生比例越小。相比上海采用 5 等 11 级赋分区间（30～70），浙江采用 5 等 21 级赋分区间（40～100），山东方案等级更多，间隔更小，赋分区间更大，对考生的区分度更细致。

原始分数的计分单位在等级转换过程中，有的区间被放大，有的区间被压缩，因而分数差距发生变化，但是分数所对应的位次不会发生倒置现象。

（四）各省计分方案比较分析

1. 第一批试点省（市）的计分方案

新高考改革的先行试点省（市）浙江和上海率先提出了选考科目等级分数模型，着力研究并提出了基于起点分数的多等级等距间隔模型。浙江提出了起点分数为 40 分的 21 等级 3 分间隔模型，而上海则使用了起点分数为 40 分的 11 等级 3 分间隔模型，浙江的最高分数为 100 分，上海为 70 分。从等级分数的形式来看，主要创新设计点在于三个方面：使用了特定比例划分原则，多个等级具有不同的比例区间；使用了起点分数，以合格考通过的基础分数进行解释；使用了等距离间隔的分值，等级的具体表现仍然是分值，但削弱了等级考科目的分值区分度。

上述三个特点反映了新高考改革等级分数的设计目标和应用特性。从设计目的来看，起点分数体现了消除一次考试偶然性和决定性的成分，而比例划分为等级解释和应用提供了层级性指示，间隔值的使用在于消除分分计较的非等级分数特性。尽管等级划分没有充分体现等级的含义，尤其是多等级和重新赋分的方式削弱了等级的含义和解释，但这个转换过程对分值的分布和离散程度都产生了很大影响。分数的接受和应用者，都需要重新考虑分值的解释意义，尤其是招生录取高校，对这一转换非常关注。

2. 第二批试点省（市）的计分方案

浙江、上海所提出的模型，基本符合新高考改革的总体设计要求，也结合了本省（市）的特定需求，为后面各个批次的省（市）的改革积累了宝贵经验。第二批试点省（市）中，北京、天津的等级分数模型基本采用了浙江、上海模型，仅仅做了较小比例的调整。

第二批试点省（市）中，海南省延续了以往的分数形式，统一考试和等级考试科目都仍然采用了标准分数(T分数),直接进行分数转换,不做等级划分。由于海南等级考分数没有加入等级划分的概念,应该不能作为等级分数模型,下文不再对其进行分析。

3. 第三批试点省(市)的计分方案

第三批改革的8个省(市),基于浙江、上海和山东模型进一步进行了调整。等第区间保持了浙江、上海的5段划分,分布比例和区间位置分别做了较大的变动,转换分数分布演变为近似正态分布的负偏态分布。各区间的转换方法则使用了山东模型的等比例线性映射,所以山东和第三批8省(市)的模型都可以称为分等级区间线性转换模型,也可以简称分段线性模型。

4. 山东方案

作为第二批试点的4个省(市)之一,山东省采用了正态化等比例转换模型,其基本思路是以正态分布方式划分等级比例区间,并在各区间中实施(等级)线性转换。山东方案的主要考虑是,在划分等级的前提下,减少分值的间距。在该模型中,转换后的分值仍然为1分间距,增加了分值的分辨率(有些文章中称为区分度,其实与测量学中的区分度是不同的)。之所以做如此改进,应该是考虑山东考生人数较多的省情。

山东方案的优点:等级区间比例依据山东考生的实际状况划定,具有科学依据;能够保持考生成绩排名顺序不变(排除四舍五入因素),确保考生成绩转换的公平公正;能够最大限度地保证考生的成绩区分度,满足了高校人才选拔的需要,确保了考生在招生录取中利益的最大化。

第四部分

山东省新高考考试招生的变革

一、新高考改革下的考试招生

高考是"普通高等学校招生全国统一考试"的简称，是对学生高中三年学业水平的终结性评价，是一种相对公正、公平、公开的人才选拔形式，是我国最重要的考试之一。高考工作关系到千家万户的利益，关系到考生未来的发展，其过程的复杂性、考试的高利害性、社会的影响性、招生的公平性等特征，使高考成为招生考试部门的核心、社会关注的焦点。2020年新高考改革是1977年恢复高考以来最为重大的结构性和基础性变革，从考试科目、等级考试选科、等级分数转换、志愿填报等诸多方面进行了变革。

高考是一个系统工程，山东的高考过程从上一年度的11月份报名开始，到下一年度9月份录取结束，持续约一年，包括报名、命题、考试、试卷扫描、阅卷、成绩公布、志愿填报、录取等诸多环节。

表4-1　招生考试基本进程

时间		工作内容
前一年度	11月	高考招生报名
	12月	美术类、文学编导类专业全省统一考试
下一年度	1月	高考（夏季）外语听力考试
	春节后	高考艺术类专业校考
	3月	春季高考（技能考试）
		高考体检开始

续表

时间		工作内容
下一年度	4月	高考体育专业全省统一测试
		运动训练、武术与民族传统体育专业招生文化考试
		高职(专科)单独招生
		强基计划招生
		高职(专科)综合评价招生
	5月	春季高考(知识考试)
		普通本科高校综合评价招生
	6月	高考全国统一考试(夏季)
		高考全国统一考试(夏季)外语口试
		高考分数发布
		高考志愿填报开始
	7～8月	高考录取
	9月	高职(专科)注册入学

(一)报名

报名是对考生进行基本信息采集、考生资格审核、考生身份真伪验证的过程。主要信息包含考生基本信息、照片信息、家庭信息等。2020年新高考改革增加了等级考试科目选报环节,考生须在4月份通过高考报名系统对自己的等级考试科目进行选报确认,学业水平等级考试科目经选报确认后将不能更改。

1.2020年高考报名条件变化

高考报名相关内容来源于《关于做好山东省2020年普通高等学校考试招生报名工作的通知》(以下简称《通知》),具体内容和要求详见《通知》。

表4-2　2020年夏季高考报名条件变化

序号	2019年报名条件	2020年报名条件
1	具有山东省户籍的高中段学校毕业生,或具有同等学力人员	具有山东省户籍的高中阶段学校(含普通高中、普通中专、职业高中、职业中专、成人中专、技工学校)毕业生,或具有同等学力人员 高中阶段学校毕业生或具有同等学力人员,包括取得高中阶段学校的毕业证书、结业证书或普通高中教育同等学力认定证明的人员。具有普通高中完整学习经历但学业水平合格考试有不合格科目的学生,可以获得学校颁发的结业证书,以同等学力身份报名参加高考

续表

序号	2019 年报名条件	2020 年报名条件
2	非山东省户籍的就业人员随迁子女(含进城务工人员随迁子女)应具有山东省高中段学校学籍及完整学习经历,并合格毕业(完整学习经历指截止到 2019 年 9 月具有我省高中段学校 3 年完整学习经历)	非山东省户籍的就业人员随迁子女(含进城务工人员随迁子女)应为具有山东省高中阶段学校学籍并有 3 年完整学习经历的合格毕业生或结业生(完整学习经历截止时间为 2020 年 9 月)
3		在我省定居并符合报名条件的外国侨民,可持省公安机关签发的《中华人民共和国外国人永久居留证》报名参加高考

从表 4-2 看,2020 年的报名条件更加细化具体,对相关内容进行了解读,解决了往年因报考条件模糊给招考机构和考生带来的困扰。

表 4-3 2020 年春季高考报名条件变化

序号	2019 年报名条件	2020 年报名条件
1	具有山东省户籍的中等职业学校(含职业中专、职业高中、普通中专、成人中专、技工学校)应届、往届毕业生,或具有夏季高考报名资格的人员	具有山东省户籍的高中阶段学校(含普通高中、普通中专、职业高中、职业中专、成人中专、技工学校)毕业生,或具有同等学力人员
2	非山东省户籍的,应为具有山东省高中段学校学籍并有完整学习经历的合格毕业生,且已按要求通过全国中小学生学籍管理信息系统注册的普通高中学生和全国中等职业学校学生学籍管理信息系统注册的中等职业教育学生	非山东省户籍的,应为具有山东省高中阶段学校学籍并有完整学习经历的合格毕业生或结业生,且已按要求通过全国中小学生学籍管理信息系统注册的普通高中学生或全国中等职业学校学生学籍管理信息系统注册的中等职业教育学生
3		落实省教育厅等 11 部门《关于办好新时代职业教育的十条意见》(鲁教职发〔2018〕1 号),从 2021 年开始,参加春季高考的非山东省户籍考生须为进城务工人员子女,且具有山东省高中阶段学校学籍并有 3 年完整学习经历的合格毕业生或结业生(完整学习经历截止时间为 2021 年 9 月)

序号	2019 年报名条件	2020 年报名条件
4	"3+4"对口贯通分段培养的中职学校学生转段报考条件为：过程考核合格、符合转段条件并经公示无异议的应届毕业生	"3+4"对口贯通分段培养的中职学校学生转段报考条件为符合转段条件的首次和第二次参加转段测试的毕业生

2. 网上报名

网上报名是考生信息采集的过程,考生需要按照网上报名的要求规范操作,真实填写相关内容。为保证考生身份的真实,报名结束后需要对考生的报名条件进行审核,考生需要正确选择报名地点。

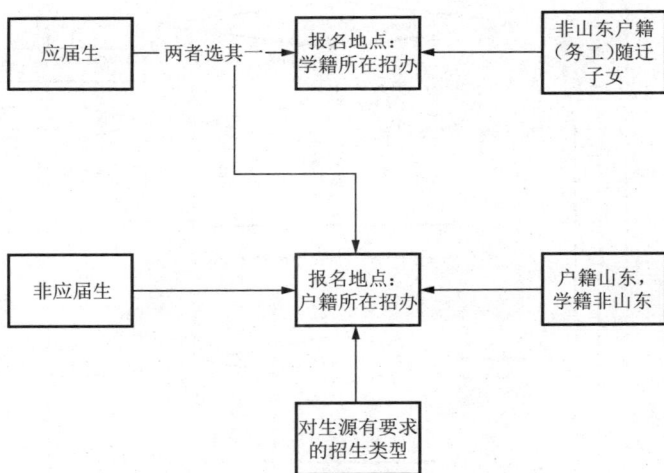

图 4-1　考生确认报名地点

其他类型考生：

（1）参加内地普通高等学校联合招收华侨、港澳台地区学生考试报名事宜可向广东、福建、北京、上海省级招生考试机构咨询。

（2）在我省定居并符合报名条件的外国侨民,到所在市招生考试机构报名。

3. 现场资格审查及信息确认

网上报名考生必须按规定时间进行现场资格审查及信息确认,内容包括确认身份、核验相关证件与证明材料、采集照片、签订《考生诚信考试承诺书》、签字确认等。

```
                              开始

                 资格审查(考生须持户口本、身份证等有效证件)

      否 ────────────  考生是否携带二代身份证
                              │是

         提供相关证明          读取二代身份证信息

      是 ── 检查是否合格        查找考生报名基本信息

                         是否查找到考生信息
                              │是

         否                确认信息是否一致  ── 否 ──
                              │是                    落实不一致原因

         否                确认是否考生本人  ── 是 ── 是否接受报名
                              │是

         否                   采集照片

         否                是否直接打印确认单

         否                打印考生信息确认单       否

                          采集结束
```

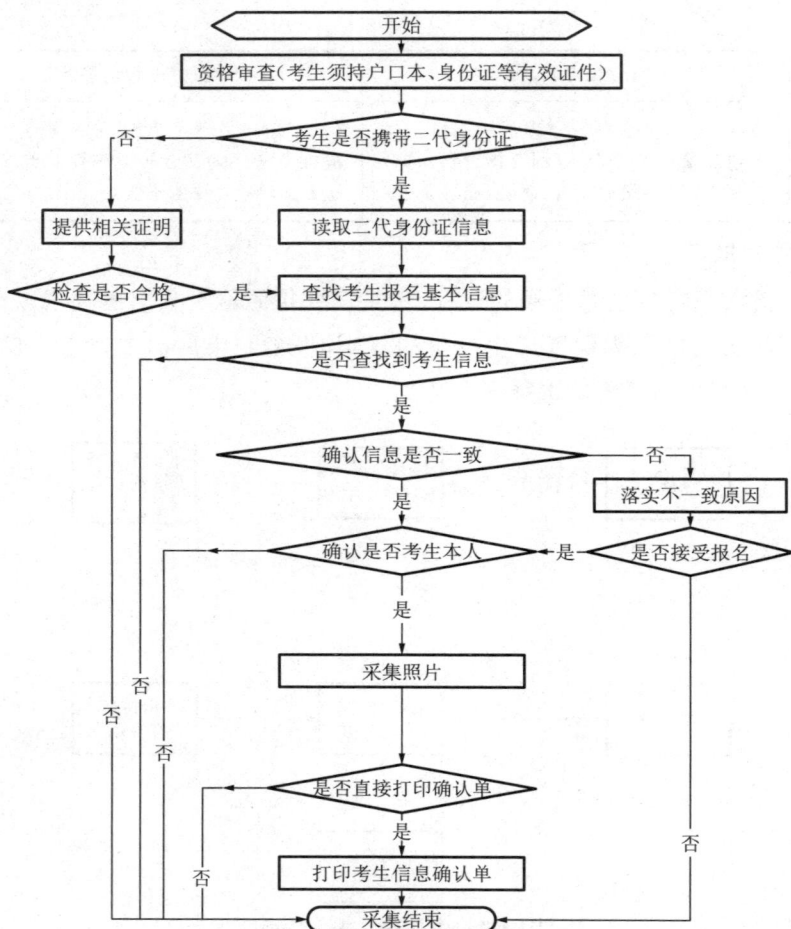

图 4-2　考生信息确认流程

考生需按照报名文件要求,及时准备相关材料,按时完成报名及信息确认工作,参加考试。

4. 保护好个人信息安全

近几年因考生密码泄露导致考生志愿被更改、考生利益被侵害的事件时有发生,给考生造成了无可挽回的损失。

登录密码和短信验证密码的使用将贯穿高考报名、缴费、打印准考证、填报志愿等整个招生过程,考生应增强法律意识和法治思维,妥善保管个人登录密码和短信验证密码。任何单位和个人不得使用、盗用考生本人密码和账户,不得干预考生高考报名、密码设置及志愿填报等过程。

（二）命题

命题专家依据国家课程标准和高校选拔人才的要求,科学设计考试内容,以立德树人为核心,突出核心价值、学科素养、关键能力、必备知识的考查内容,着重考查学生独立思考和运用所学知识分析问题、解决问题的能力。高考试题命题实施全封闭管理,试卷在启封前属于国家绝密材料。2020年统一高考语文、数学、外语科目使用全国统一命题试卷,6科普通高中学业水平等级考试由我省自主命题。

（三）考试

考试是通过测量手段对考生高中学业的总结、考核、评价。考试是一个复杂的过程,一般包括试卷印制、试卷运输、试卷保密、试卷领取、考试组织、考试实施、试卷回收、应急事件的处置等环节,考试过程涉及部门多,管理复杂,风险性高。为确保考试的公平、公正,考试环节使用了新技术、新设备,构建了国家教育考试安全保障体系。

表4-4　高考改革前夏季高考考试时间及科目

时间＼科目＼日期	6月7日	6月8日
上午	语文（9：00～11：30）	综合（9：00～11：30）
下午	数学（15：00～17：00）	外语（15：00～17：00）

表4-5　高考改革后夏季高考国家统一考试时间及科目

国家统一高考时间安排表		
日期＼科目＼时间	上午	下午
1月8日	外语（听力）（9：00开始）	
6月7日	语文（9：00～11：30）	数学（15：00～17：00）
6月8日		外语（笔试）（15：00～16：40）

表 4-6　高考改革后夏季高考等级考试时间及科目

山东省普通高中学业水平等级考试时间安排表			
时间　　　科目　　日期	上午		下午
	8:00～9:30	11:00～12:30	15:30～17:00
6月9日	物理	思想政治	化学
6月10日	历史	生物	地理

（四）试卷扫描

试卷扫描是将考生的纸质试卷进行图像化处理,按照阅卷的要求进行切割,达到符合网上阅卷的要求的过程。扫描环节非常重要,其扫描的清晰度和准确性是阅卷的基础,要求考生填涂与书写规范、清晰。

（五）阅卷

阅卷是由阅卷教师以"背靠背"形式,完成指定题目的批阅,给出考生试卷的分数评定的过程。试卷评阅过程制度完善,流程规范,组织严密。在评阅时,阅卷教师只能评阅分配到的任务,看不到权限之外的试卷信息,更看不到任何考生的信息,保证了阅卷的公平、公正。阅卷工作基本上采用"双评＋仲裁"的评卷模式,确保得分的准确性。

（六）成绩公布

成绩公布是将考生试卷分数通过一定的形式向社会予以公布,考生通过官方公布的查询方式获取成绩信息的过程。2020年高考成绩公布包括:语文、数学、外语3科的原始成绩,学业水平等级考试选考科目等级成绩及相关位次信息。

（七）志愿填报

在成绩发布后,考生根据自己的成绩和兴趣爱好合理选择专业和学校,通过官方网站完成志愿的填报。由于志愿填报方式的改变,在2020年新高考改革中志愿填报系统增加了志愿填报辅助系统,志愿填报辅助系统可以提高志愿填报的质量和效率,消除考生因志愿填报变化而带来的焦虑。

表 4-7　志愿设置和填报变化

内容	改革前	改革后
志愿方式	"学校 + 专业"方式,"1 个学校 + 若干专业"为 1 个志愿	"专业(专业类)+ 学校"方式,1 个"专业(专业类)+ 学校"为 1 个志愿
普通类志愿数量	12 个学校志愿(每个学校志愿内可填报 6 个专业志愿 +1 个专业服从调剂志愿)	常规批 96 个志愿
艺术类统考、联考志愿数量	12 个学校志愿(每个学校志愿内可填报 4 个专业志愿 +1 个专业服从调剂志愿)	60 个
非提前批体育类志愿数量	12 个学校志愿(每个学校志愿内可填报 4 个专业志愿 +1 个专业服从调剂志愿)	60 个
填报	分文科、理科计划填报,不能交叉填报	不分文理科,按照选科要求填报
专业调剂	有	无
是否有填报辅助系统	无	有

表 4-8　夏季高考批次变化

内容	改革前	改革后
科类	文史类、理工类、艺术文、艺术理、体育类	普通类、艺术类、体育类
科目要求	分文科、理科	不分文理科,高校专业有考试科目要求,每个专业确定 0-3 科选考科目
普通类录取批次	本科提前批、自主招生批、本科普通批、专科(高职)提前批、专科(高职)批	提前批、特殊类型批和常规批
艺术类录取批次	提前批、本科批、专科批	提前批、本科批、专科批
体育类录取批次	提前批、本科普通批、专科批	提前批和常规批

表 4-9　夏季高考普通类分数线变化

内容	改革前	改革后
划线情况	1. 本科批分数线 2. 自主招生批分数线 3. 专科(高职)批分数线	1. 一段线 2. 二段线 3. 特殊类型招生控制线
划线办法	1. 本科:分 2 次划定分数线。第一次,分文理类根据招生计划与考生成绩、按招生计划 1:1.1 划定;第二次,填报第二次征集志愿后,在有效生源范围内(含服从调剂考生),分文理类根据征集计划数与考生成绩,按招生计划 1:1 划定 2. 专科(高职):根据生源及招生计划数划定	根据考生高考总成绩(含政策性加分) 1. 一段线:按照普通类本科招生计划 1:1.2 划定 2. 二段线:按照普通类本、专科招生计划总数和生源情况划定 3. 特殊类型招生控制线按照普通本科计划 1:0.5 划定

续表

内容	改革前	改革后
填报限制	未达到本科分数线的考生不能填报本科志愿	达到二段线的考生： 1. 可以填报提前批专科志愿 2. 选报第二次、第三次剩余本科计划及填报专科计划

表4-10 夏季高考艺术类分数线变化

内容	改革前	改革后
划线情况	1. 艺术文本科文化录取控制分数线 2. 艺术理本科文化录取控制分数线 3. 艺术类专科(高职)文化录取控制分数线	1. 艺术类本科文化控制线 2. 艺术类专科文化控制线
划线办法	1. 独立设置及参照独立设置本科艺术高校执行的高校和专业，由院校自主划定本校艺术类专业本科文化录取控制分数线 2. 其他艺术类本科高校艺术文、艺术理专业录取控制分数线，不得低于我省首次划定的文、理类本科普通批录取控制分数线的65% 3. 艺术类专科文化录取控制分数线执行我省普通文理类专科(高职)文化录取控制分数线	1. 独立设置的本科艺术院校及参照独立设置本科艺术院校执行的其他院校本科专业,依据国家规定不受我省艺术类本科文化控制线限制 2. 其他艺术类本科高校本科文化控制线以普通类一段线为基数，按教育部规定的各专业类别的比例划定 (1)美术类、音乐类、书法类本科文化录取控制分数线按普通类一段线的70%划定 (2)文学编导类、播音主持类、摄影类本科文化录取控制分数线按普通类一段线的85%划定 (3)舞蹈类、影视戏剧表演类、服装表演(模特)类本科文化录取控制分数线按普通类一段线的65%划定 3. 专科文化分数线与普通类二段线相同

表4-11 夏季高考体育类分数线变化

内容	改革前	改革后
划线情况	1. 本科文化录取最低控制分数线 2. 专科(高职)文化录取最低控制分数线	1. 一段线 2. 二段线
划线办法	1. 体育专业本科文化录取最低控制分数线在体育专业合格生源范围内，按招生计划1:1.4的比例确定 2. 专科(高职)文化录取最低控制分数线不低于我省普通类理科专科(高职)文化录取最低控制分数线	1. 一段线:体育类在专业成绩合格生源范围内按综合分数划线。综合分数按照专业成绩占70%、文化成绩占30%的办法计算。根据考生综合成绩，按照当年体育类本科招生计划数的1:1.2划定 2. 二段线:根据考生综合成绩,按照当年体育类本、专科计划总数和生源情况划定

（八）录取

录取是招生考试机构根据考生填报的志愿，按照规定的原则将考生填报的志愿进行投档，由招生学校进行审核，择优录取的过程。2020 年新高考改革平行志愿录取模式改为"专业（专业类）+ 学校"方式。

新高考改革的变化直接关系考生的切身利益，本次改革从考试科目、考试时间、等级分数转换赋分、分数线划定、志愿方式、志愿数量、志愿填报等方面进行了重大变革，考生及家长应及早阅读相关政策解读，了解政策变化，保持良好心态，沉着应对。

二、新高考改革下的高校专业选科要求

2020 年我省新高考改革工作突出的特点是考试科目的变化，由原来的"3+综合"两种组合改变为"3+3"20 种组合模式，大大增强了考生的自主选择性。

新高考改革前，只有文科、理科之分，学生没有更多选择的余地，无法更好地满足其学习兴趣、爱好、未来的职业发展需求。新高考改革后，考生根据自身的学习状况、兴趣爱好、未来职业发展等因素，从 6 门科目中合理组合选择。这需要考生充分认识自我、量体裁衣、理性分析、科学选择，才能在等级科目选择中彰显个性、促进学业发展，才能做好职业生涯规划，促进成长成才。

根据《山东省政府办公厅关于印发山东省深化高等学校考试招生综合改革试点方案的通知》（鲁政办发〔2018〕11 号）要求，"学生所选等级考试科目的学业水平合格考试成绩必须达到合格，不合格者不得作为等级考试科目"。这就是说，考生所选的等级考试科目必须是学业水平合格考试中成绩合格的科目，也就意味着会出现选报等级考试科目数量为 0 科、1 科、2 科、3 科的情况，选考等级科目不足 3 科的考生，其考试成绩势必会影响到考生的录取和发展。按照山东省的要求，鉴于各省学业水平等级考试选考科目和分值不统一，根据山东省教育厅 2016 年印发的《山东省普通高中学业水平考试实施方案》，考生在外省取得的学业水平等级考试科目成绩无效，需参加山东省组织的等级考试。

（一）高校专业选科要求

"高校选科"是新高考改革下高校为选拔人才进行的学科限制，即高校按照专业确定高中学生报考本专业必须学习的科目。高校分专业确定高中生选考科

目的依据是高中生进入大学学习相关专业必须具备高中相关学科的知识基础。

根据教育部发布的《普通高校本科招生专业选考科目要求指引(试行)》,全国高校 12 个学科门类、92 个本科专业类及其内设专业都要确定"选考要求"和"可选科目"的组合。高校专业选考科目要求从思想政治、历史、地理、物理、化学、生物 6 门科目中确定,高校各专业根据需要从中指定 1 科、2 科、3 科或"不提科目要求"。2020 年拟在山东招生的所有本科专业(专业类)的选考科目要求共 6 种。按照学校专业选考科目要求划分。

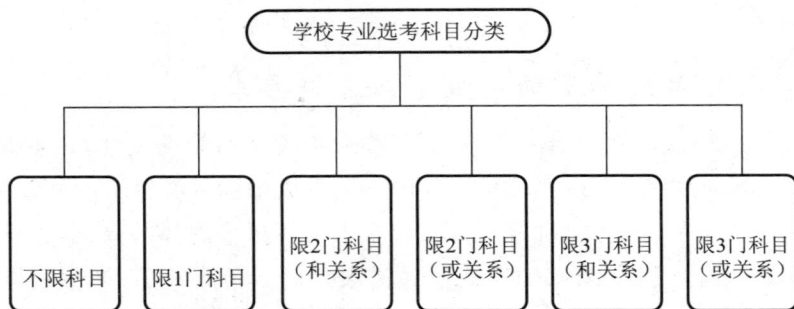

图 4-3 学校专业选考科目分类

1. 限 1 门科目

考生必须选择高校专业限定的 1 门科目方可报考该高校专业。例如,北京大学的心理学类,物理学科为考生必须选考的科目。在 20 类选科组合群体中,有10 类包含了物理学科,这 10 类选科组合的考生群体都可以报考北京大学心理学类专业,具体情况见表 4-12。

表 4-12 北京大学心理学类报考选科组合

群体	选科组合	群体	选科组合
1	物理、化学、生物	6	物理、生物、地理
2	物理、化学、历史	7	物理、生物、政治
3	物理、化学、地理	8	物理、历史、地理
4	物理、化学、政治	9	物理、历史、政治
5	物理、生物、历史	10	物理、地理、政治

2. 限 2 门科目(和)

考生必须同时选择高校专业限定的 2 个科目方可报考该高校专业。例如，清华大学的理科试验班(化生类)，物理与化学 2 门科目考生均需选考方可报考。同时包含物理、化学的选科组合的群体中，只有 4 类选科组合符合报考条件，具体情况见表 4-13。

表 4-13 清华大学的理科试验班(化生类)报考选科组合

群体	选科组合	群体	选科组合
1	物理、化学、生物	3	物理、化学、地理
2	物理、化学、历史	4	物理、化学、政治

3. 限 2 门科目(或)

考生只需选考高校专业限定 2 个科目之一即可报考该高校专业。例如，北京师范大学的历史学类，历史学科与地理学科，考生选考其中 1 门即可报考。符合报考条件的有 16 类选科组合群体，其中任意群体都可报考北京师范大学历史学类专业，具体情况见表 4-14。

表 4-14 北京师范大学的历史学类报考选科组合

群体	选科组合	群体	选科组合
1	历史、物理、化学	9	历史、生物、政治
2	历史、物理、生物	10	历史、地理、政治
3	历史、物理、地理	11	地理、物理、化学
4	历史、物理、政治	12	地理、物理、生物
5	历史、化学、生物	13	地理、物理、政治
6	历史、化学、地理	14	地理、化学、生物
7	历史、化学、政治	15	地理、化学、政治
8	历史、生物、地理	16	地理、生物、政治

4. 限 3 门科目(和)

考生必须同时选择高校专业限定的 3 个科目，方可报考该高校专业。例如，山东大学的临床医学(5+3)专业，物理、化学、生物这 3 门科目考生均需选考方可报考。这种限定只会存在一个群体,即选择报考物理、化学、生物这个组合的群体满足条件,具体情况见表4-15。

表4-15 山东大学的临床医学(5+3)专业报考选科组合

群体	选科组合
1	物理、化学、生物

5. 限3门科目(或)

考生只需选考高校专业限定3个科目之一即可报考该高校专业。例如,中国人民大学的应用心理学专业,物理、生物、历史这3门科目,考生选考其中1门即可报考。有19个选科组合群体符合要求,可报考中国人民大学的应用心理学专业,具体情况见表4-16。

表4-16 中国人民大学应用心理学专业报考选科组合

群体	选科组合	群体	选科组合
1	物理、化学、生物	11	化学、生物、历史
2	物理、化学、历史	12	化学、生物、地理
3	物理、化学、地理	13	化学、生物、政治
4	物理、化学、政治	14	化学、历史、地理
5	物理、生物、历史	15	化学、历史、政治
6	物理、生物、地理	16	生物、历史、地理
7	物理、生物、政治	17	生物、历史、政治
8	物理、历史、地理	18	生物、地理、政治
9	物理、历史、政治	19	历史、地理、政治
10	物理、地理、政治		

6. 不限科目

考生任选3科作为等级考试科目,即可报考该类型的高校专业。例如,南开大学的金融学类,不提科目要求,20类群体(全部考生)皆可参与该专业的报考。

由于学校专业选考科目分类复杂,加之 6 选 3 科目组合、总分参与录取等,导致不同选科类别考生在录取时产生竞争。而选考科目采取等级转换赋分方式,考生选考科目的成绩高低,一方面取决于考生该选考科目的学习能力水平,另一方面又与选择该选考科目的群体的总体实力、内部的竞争激烈程度有关。

尽管选科的复杂性为报考、录取带来了更多的不确定性,但从另一个方面来看,这种复杂组合也为高校选拔人才提供了更高的自由度。由于考生无法预知其余考生的选考倾向,所以考生应避免让"投机"成为考试科目选择的判断标准,应根据自己的学习能力水平,自主决定选考科目。同时应鼓励考生立足个体的未来发展,通过持续的学习,积累和培养对某学科的兴趣和爱好,选科时兼顾高校要求、专业兴趣、自身特长、考试成绩,避免功利性选考。

(二)山东选考科目要求

本书选取了 105 所 2020 年在山东招生的高校(包含阳光高考平台公布的 42 所一流大学)4632 个专业的选考科目要求(选考科目要求来源于网站公开信息),进行了相关统计,具体如下。

1. 按照选科类型统计

从选科类型的统计看,不提科目要求的专业数量占总专业数量的 34.37%。必须选 1 门科目方可报考的专业数量占总专业数量的 40.177%;必须选择 2 门科目方可报考的专业数量占总专业数量的 3.346%;3 门科目考生均需选择方可报考的专业数量占总专业数量的 0.173%,数量极少。

表 4-17　2020 年在山东招生的 105 所高校选科类型统计表

类型	数量	占比
限 1 门科目	1861	40.177%
限 2 门科目(和)	155	3.346%
限 2 门科目(或)	357	7.707%
限 3 门科目(和)	8	0.173%
限 3 门科目(或)	659	14.227%
不限科目	1592	34.37%

表 4-18 2020 年在山东省招生高校的选科要求样例

学校	类别	专业	选科要求
清华大学	本科	设计学类	不提科目要求
		文科试验班类(人文与社会)	
		法学(含国际班)	
		文科试验班类(经济、金融与管理)	
		美术学类	
		文科试验班类(新雅书院)	
		工科试验班(环境、化工与新材料类)	化学(1门科目考生必须选考方可报考)
		艺术史论	历史(1门科目考生必须选考方可报考)
		工科试验班类(自动化与工业工程)	物理(1门科目考生必须选考方可报考)
		工科试验班类(能源)	
		理科试验班类(新雅书院)	
		理科试验班类(经济、金融与管理)	
		工科试验班类(机械、航空与动力)	
		计算机类	
		建筑类	
		电子信息类	
		理科试验班类(数理)	
		土木类	
		理科试验班(化生类)	物理,化学(2门科目考生均需选考方可报考)
		临床医学类	

(来源于网站公开信息,仅供参考。)

表 4-19 42 所一流大学的选考科目要求统计表

科目	1科必选	2选1专业	3选1专业
物理	722	116	150
化学	37	118	132
生物	1	8	134
历史	21	29	23
地理	2	14	30
思想政治	7	13	2

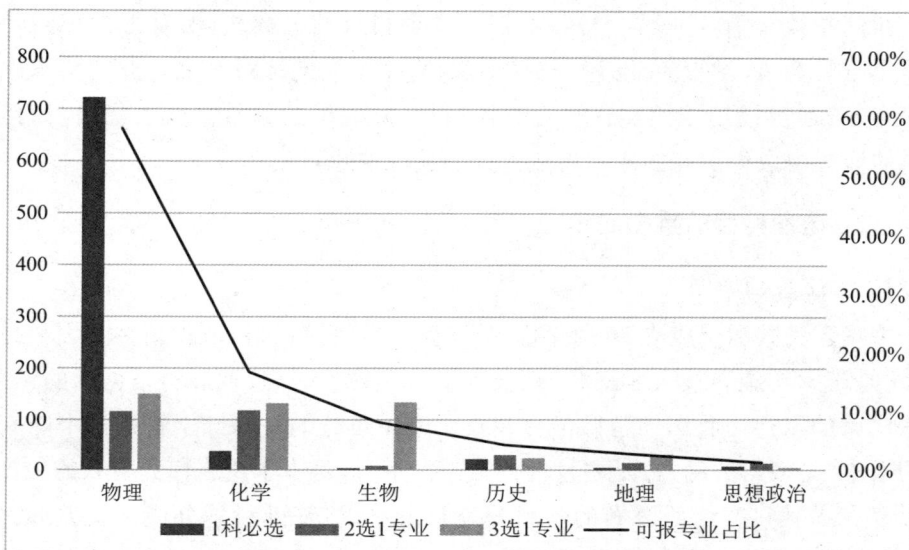

图 4-4　42 所一流大学选考科目要求统计图

表 4-20　其他大学选考科目要求统计表

科目	1 科必选	2 选 1 专业	3 选 1 专业
物理	879	130	457
化学	117	168	435
生物	11	39	406
历史	27	36	60
地理	5	22	102
思想政治	32	21	46

　　从选考科目上来看,一流大学和普通大学选科的要求是一致的,高校更多专业重视基础学科,清华大学有科目要求的 14 个专业中有 12 个专业要求选考物理,中国人民大学有科目要求的 11 个专业中有 9 个专业要求选考物理,北京大学、北京航空航天大学、北京理工大学、哈尔滨工业大学、上海复旦大学、上海交通大学等有科目要求的专业全部要求物理。从上述统计看,高校选科要求中对物理有要求的专业占据绝对的优势,远超其他专业。选择物理科目专业范围更加广泛,录取的机会更大,从近几年就业来看,国家对理工类毕业生的需求保持高位并继续增加,就业优势明显,发展前景更加广阔。

新高考改革后,不分文理科,取消了文理科目的分数线,所有考生在同一起跑线上进行竞争,学校专业只有科目要求,只要学生的选科符合专业的要求就可以报考,普通类投档依然实行平行志愿投档办法,谁的分数高就占优势,如何在选科的博弈中取得更高的成绩将成为人们关注的焦点。

(二)选考科目的重要启示

1. 关注基础学科

中华人民共和国成立 70 周年以来,国家日益繁荣昌盛,取得诸多重大科技成就,这是国家实施科技人才战略、积极推进科学技术研究、发展科技创新的结果,这些成就的取得与我国的基础学科建设是密不可分的。基础学科是一个国家发展的根本,是创新的动力,是建设世界强国的基石,是中华民族伟大复兴的希望。

联合国教科文组织公布的学科分类目录中,将基础科学分成 7 大类:数学、物理学、化学、生物学、天文学、地球科学、逻辑学。基础学科的学习难度往往较高,需要长期、连续的学习研究,过程枯燥艰苦,但这些学科的科技研究成果能够成为全人类的精神财富,如飞机、量子计算、通信卫星、青蒿素等。

基础学科的创新成果代表了一个国家的科学发展水平,我们国家越来越重视基础学科的发展。《国务院关于全面加强基础科学研究的若干意见》(国发〔2018〕4 号)提出要"潜心加强基础科学研究,对数学、物理等重点基础学科给予更多倾斜",从国家层面做了具体的规划:到 2020 年,我国基础科学研究整体水平和国际影响力显著提升,在若干重要领域跻身世界先进行列;到 2035 年,我国基础科学研究整体水平和国际影响力大幅跃升,在更多重要领域引领全球发展;到 21 世纪中叶,把我国建设成为世界主要科学中心和创新高地,涌现出一批重大原创性科学成果和国际顶尖水平的科学大师,为建成富强民主文明和谐美丽的社会主义现代化强国和世界科技强国提供强大的科学支撑。

教育部 2018 年 8 月研究制订了《高等学校基础研究珠峰计划》,提出到 2035 年,中国要实现高等学校基础研究水平大幅跃升、建成若干具有国际"领跑者"地位的学术高地的目标。"珠峰计划"即"基础学科拔尖学生培养实验计划",是国家为回应"钱学森之问"而推出的一项人才培养计划,旨在培养中国自己的学术大师。教育部门对基础学科的拔尖创新人才培养做了筹备,选择了 20 所中国大学的数、理、化、信、生 5 个学科率先进行试点,力求在创新人才培养方面有所突破。

教育部 2020 年 1 月 15 日发布《关于在部分高校开展基础学科招生改革试点工作的意见》(教学〔2020〕1 号),提出为深入贯彻党的十九大和十九届二中、三中、四中全会精神,落实全国教育大会精神,服务国家重大战略需求,加强拔尖创新人才选拔培养,自 2020 年起,在部分高校开展基础学科招生改革试点(也称"强基计划")。改革试点工作要以习近平新时代中国特色社会主义思想为指导,健全立德树人落实机制,探索多维度考核评价模式,着力实现学生成长、国家选才、社会公平的有机统一。"强基计划"主要选拔培养有志于服务国家重大战略需求且综合素质优秀或基础学科拔尖的学生,聚焦高端芯片与软件、智能科技、新材料、先进制造和国家安全等关键领域以及国家人才紧缺的人文社会科学领域。要突出基础学科的支撑引领作用,重点在数学、物理、化学、生物及历史、哲学、古文字学等相关专业招生。

由此可见,基础学科建设已经上升到国家战略地位,科技和人才竞争将是现在和未来国家高质量发展的根本,国家对优秀人才的需求比以往任何时候更为迫切。因此,无论从国家未来发展的需要,还是从个人成才的角度来看,学校、家长和考生更要重视基础学科,通过对基础学科的学习,不断提升科学素养,做好生涯规划,学业有成,报效祖国,服务人民。

2. 理性分析影响选科的因素

浙江、上海新高考改革的研究表明,影响学生选科的主要因素有兴趣、能力、成绩以及未来职业的发展等,其中兴趣与成绩是高中生选择高考科目的主要考虑因素。除此之外,父母、老师、高中、同学的选科情况、科目的难易程度等也会影响到考生的科目选择。

选科的因素与学生所处的群体以及学校的教育教学水平也有直接的关系。优质高中的学生学习能力更强,学校的教学质量更高,选择物理学科的考生更多;普通高中的学生在物理的学习上存在困难,这些学生选择物理的几率较低;而艺术类、体育类的考生选择物理、化学的几率将会更低。

选科的趋利性也是一个很重要的因素,按照 2020 年新高考改革的要求,选考的科目需要按比例进行等级转换,相对容易学的科目更易形成"扎堆"效应,是否获得更高的分数,并不取决于报考人数的多少,而是取决于考生在报考人数中的具体位次。位次越往前，获得高等级范围的几率更高，转换对应的分数也就越高。学生和家长在分数和兴趣爱好之间，更多会选择考生能够获得更高分数的科目。但是在相同选考科目的群体中能否获得更高的位次是一个未知数，考试是一个动态的过程，与考生学科学习的扎实程度、临场发挥、试题的难度、其他考生的得分等因素有关，不以考生个人意志为转移。

考生在进行选科时，可把眼光更多投向基础学科。"应用性学科一般'出路'较好，从现实角度也更'热门'；但从未来国家对人才的需求来看，基础学科的发展前途反而会更广阔。"虽然目前数学作为基础学科，已达到像应用学科那样的"热门程度"，但其他如物理、化学、生物、天文、地质以及文、史、哲专业，报考人数仍相对较少。

赋分方案设计的目标就是为实现选考科目各学科分数的可比性，寻求一个选考科目共同使用的量尺。赋分方案本身不反映选考科目之间的差异。学科间的差异需要其他一些与赋分方案相关的配套措施来保障。因此需要同时进行配套措施设计，建立选考科目的保障机制，根据国家对不同专业人才的需求和高校对不同科目的需要，对考生选考科目进行约束和引导，以确保学生选课和高校设定专业所需选考科目的科学性。教育部出台的《普通高校本科招生专业选考科目要求指引（试行）》对学生选科和高校设定专业的选考科目具有较强的指导作用。

等级科目选择是一个博弈的过程，学生需要通过等级科目选择获得分数的最大化。高校通过对科目的要求选拔出需要的人才。高中学校通过选科教学提高学校教学质量，提升学校的知名度。能否在博弈中实现共赢，需要进行不断的探索和研究。

3. 做好高中生涯规划

高考制度既关乎"民生"，又关乎"国计"，高考制度能否为高校选拔出时代发展所需要的人才，让高等教育资源与学生的学业成就、个人禀赋、兴趣爱好等更有效地配置起来，这比以往任何时期更关乎国家和民族的未来和国家整体利益的要求。因此，"生涯规划"在新高考框架下就显得尤为重要。

生涯规划对于很多家长和学生来说是比较陌生的，学生对自己将来要从事什么职业，缺乏足够的认识和定位，在高考志愿选择中，家长和学生在分数、专业、学校和就业前景中徘徊犹豫，志愿报考实际上是在学生的梦想与父母的期盼中艰难抉择。在志愿填报时,数量众多的专业也会让家长和学生无从下手,陷入迷茫和困惑,会造成选科的盲目性、跟随性、随意性,不利于学生的成长和发展。

在新一轮高考改革中,国家更加重视高中生涯规划的发展。2014年《教育部关于全面深化课程改革 落实立德树人根本任务的意见》指出,要"建立普通高中学生发展指导制度,指导学生学会选择课程,做好生涯规划";《教育部关于普通高中学业水平考试的实施意见》强调,要"要加强学生生涯规划指导";《普通高中课程方案(2017年版)》指出,"普通高中教育的任务是促进学生全面而有个性的发展,为学生适应社会生活、高等教育和职业发展做准备,为学生的终身发展奠定基础"。

山东省高考方案采用"专业(专业类)+学校"的报考录取方式,考试科目"3+3"模式全面开启了考生自主选择、规划未来的道路,凸显了高中生涯规划的重要性和迫切性。高中阶段的学生,正处在生理、心理转变期,是世界观、人生观、价值观逐步形成的关键期,正确的生涯规划引导,能够让学生客观而稳定地评价和认识自己,通过生涯教育帮助学生"唤醒自我",建立积极的"自我概念"面对学业和成长的诸多压力,为未来的成长发展之路奠定基础。随着新高考改革的发展,高中生涯教育也将进入蓬勃发展阶段。因此,要加强高中阶段生涯规划与教育教学融合的研究和发展,全面指导学生的课程规划、职业规划和人生规划,潜移默化地使之成为学生未来成长的引路明灯。

4. 新高考将变革高质量人才培养方式

新高考改革正在进行,第三批试点省份也已经公布了改革方案。作为第二批试点的山东省于2020年也发布了录取方案,明确了新高考改革的相关政策。新高考改革作为人才选拔和培养的重要渠道,备受社会的关注。高校能否在改革中选拔出符合学科要求的优秀人才,培养国之栋梁;考生能否在选科中体现个人意志和爱好,实现人生规划,这些都需要在实践中进行检验。

2019年10月8日,《教育部关于深化本科教育教学改革 全面提高人才培养质量的意见》(教高〔2019〕6号,以下简称《意见》)发布,指出要严把考试和毕业出口关,坚决取消毕业前补考等"清考"行为,不能达到《国家学生体质健康标准》合格要求者不能毕业;深化高校专业供给侧改革,坚决淘汰不能适应社会需求变化的专业。这个意见的出台将会对高校专业建设、人才培养和学生学习产生深远的影响。取消毕业前的"清考"制度,意味着大学不能再混日子,严进宽出或许将成为历史。新高考改革的目的是"有利于促进学生健康成长、有利于高校科学选拔人才、有利于教育教学改革",与《意见》全面提高人才培养质量的目标相辅相成,将开启人才培养的新时代,促进高校学科建设的高质量发展。

三、新高考改革下的志愿填报

志愿填报是学生依据兴趣、爱好、职业发展前景进行学校选择、专业选择的过程。从近期的目标看,志愿填报是考生能否考入自己理想的高校和专业的关键性因素之一;从长远的期望看,志愿填报关系着学生能否通过高校的学习达到自身对未来职业的规划和预期。所以,志愿填报是否科学、合理至关重要。

(一)志愿组成模式

1. 新高考改革前的"学校 + 专业"模式

新高考改革前,山东省高考招生实行"学校 + 专业"模式,考生首先选择学校,再从学校中选择专业。本科普通批可以填报 12 个学校志愿,每个学校志愿可填报 6 个专业,还可填报专业是否服从调剂。这种模式以学校为投档单位,凸显了学校优先的原则。

高校在招生录取过程中的部分专业是通过专业调剂录取满额的,服从调剂是部分学生在没有选择的条件下的无奈之举,不利于学生的个人发展和高校专业建设。学生为提高被录取几率,必须选择专业服从调剂,这样导致的后果就是学生的专业选择权难以保证,很多考生虽然去了想去的学校,但是可能被调剂到自己不喜欢的专业,在被动学习的环境中,失去了深入研究专业的兴趣。中国人民大学劝退 16 名学生,上海交通大学劝退 81 名学生,中国科学技术大学每年有 15% 的学生无法正常毕业,产生这种现象的原因不是单一的,但对所学的专业不感兴趣是其中一个重要的原因。

2. 新高考改革后的"专业(专业类)+ 学校"模式

2020 年新高考改革后,普通类考生志愿由"专业(专业类)+ 学校"组成,实行平行志愿模式。以"专业(专业类)+ 学校"为单位的组合就是一个志愿,突出了保障专业优先的特点,如,信息管理与信息系统(北京大学)、中国语言文学类(南开大学)等。如果学生选择了某大学的 4 个专业,那就需要占用 4 个志愿,采用平行志愿的普通类最多可以填报 96 个志愿,艺术类、体育类最多可以填报 60 个志愿。录取时按"分数优先,遵循志愿"的原则投档,志愿具体到专业,按专业投档。考生可结合自身实际情况,依据高考成绩、专业、地域、爱好等情况综合考虑,可以填满所有可填志愿,也可以只选择填报其中部分志愿。

"专业(专业类)+学校"录取模式取消了学校分数线的概念,不再是每个学校一条分数线,而是每个学校每个专业一条分数线,高校在专业设计的时候进行专业合并、按类招生;新高考改革后,不再设置专业调剂志愿,各专业缺额计划通过征集志愿完成。这对于学校来说,凸显了专业建设的重要性,依靠调剂达到满额招生的专业必将受到冲击和影响。

3. "专业(专业类)+学校"志愿模式的优点

高考改革后的志愿模式是以专业为导向,学生依据自己的爱好、兴趣选择喜欢的专业,有效提高了学生录取志愿满意度。高校专业录取的是自愿选择、志向明确的学生,有助于促进高校的专业人才培养和专业实力提升。

(1)尊重考生的专业选择权。

这种志愿模式充分体现考生的意志、职业倾向和兴趣爱好,有利于发挥考生专业选择的主观能动性,有利于调动其学习的积极性,有助于学生未来的成长与成才。

(2)有助于高校学科内涵式发展,提高教学质量,办出专业特色。

学校录取的都是专业志向明确的考生,教学组织更加顺畅,教师教学积极性更高,考生学习氛围更加浓厚,有助于学科建设和专业人才的培养。

(3)有助于专业的优胜劣汰,促进高校高质量发展。

"专业(专业类)+学校"的志愿模式,打破了原有录取专业调剂模式对高校弱势专业的保护,依靠学校名气吃饭的弱势专业将面临招不到学生的尴尬局面。这种志愿模式,促使高校更加注重专业调整和特色专业建设,通过增强专业的核心竞争力和办学质量,吸引更多的优秀生源,促进高校专业的建设。

(二)志愿填报参考

志愿填报参考是学生志愿填报的重要依据,学校录取数据能够给予学生很好的指导,提高学生被学校和专业录取的概率。目前高考咨询会上高校及招生考试部门提供的志愿参考指导、网络上流行的志愿填报指导系统、咨询公司提供的志愿填报建议也都是依据近几年学校招生情况进行的大数据分析,在分析的基础上给学生提供合理、有效的数据支撑,保障学生被录取的概率。

1. 新高考改革前志愿填报的参考依据

新高考改革前,学生填报志愿需要考虑的几个因素:成绩所在的位次、学校录取的最低位次、专业录取的最低位次、学校的层次、学校的性质、兴趣爱好、地域等。志愿填报时学生根据个人的成绩和位次选择喜欢的学校和专业,参照上一年度或近几年学校的首次志愿投档位次,学校公布的专业录取情况,来确定填报的学校和专业。以我省本科普通批的 12 个学校志愿为例,一般采取"冲、稳、保"的填报策略,前几个志愿选择位次比较相近的学校冲一冲,中间几个志愿采取稳妥的思路保证命中率,最后几个志愿采用保底战术。如果学校专业中选上"专业服从调剂",可以提高录取几率。

新高考改革前,分数公布后,省级招生考试部门公布夏季高考本专科、春季高考各类别本专科录取控制分数线,夏季高考、春季高考、体育专业文化成绩一分一段表,体育类和艺术类统考、联考专业综合分分数统计表,上一年度学校首次志愿投档情况统计表等信息,供学生志愿填报参考。

表 4-21 山东省 2019 年普通高校招生(夏季高考)文理类本科录取控制分数线(样表)

分数线 ＼ 科类	文科	理科
普通批录取控制分数线	503	443
自主招生最低录取控制参考线	542	514

表 4-22 山东省 2019 年夏季高考文化成绩一分一段表(样表)

成绩分数段	文史科类本段人数	文史科类累计人数	艺术文科类本段人数	艺术文科类累计人数	理工科类本段人数	理工科类累计人数	艺术理科类本段人数	艺术理科类累计人数	体育科类本段人数	体育科类累计人数
603	109	1990	4	51	488	15060	0	8	0	3
602	122	2112	3	54	440	15500	0	8	0	3
601	129	2241	4	58	459	15959	1	9	0	3
600	123	2364	0	58	498	16457	0	9	0	3
599	141	2505	1	59	454	16911	0	9	0	3

续表

成绩分数段	文史科类本段人数	文史科类累计人数	艺术文科类本段人数	艺术文科类累计人数	理工科类本段人数	理工科类累计人数	艺术理科类本段人数	艺术理科类累计人数	体育科类本段人数	体育科类累计人数
598	144	2649	5	64	540	17451	0	9	0	3
597	142	2791	0	64	506	17957	0	9	0	3
596	158	2949	1	65	546	18503	0	9	0	3
595	154	3103	3	68	507	19010	2	11	0	3
594	177	3280	2	70	545	19555	1	12	0	3
593	173	3453	3	73	540	20095	0	12	0	3
……	……	……	……	……	……	……	……	……	……	……

表 4-23　山东省 2019 年本科艺术类统考美术类综合分(文科)分数统计表(样表)

数据为同时达到专业合格和文化线上考生		
综合分	本段人数	累计人数
674.08	1	1
667.41	1	2
665.78	1	3
663.92	1	4
663.20	1	5
661.03	1	6
658.83	1	7
658.80	1	8
656.75	1	9
655.30	1	10
655.23	1	11
654.70	1	12
653.38	1	13
651.55	1	14

续表

数据为同时达到专业合格和文化线上考生		
综合分	本段人数	累计人数
651.18	1	15
650.63	1	16
……	……	……

表 4-24 山东省 2018 年度首次志愿投档情况统计表（样表）

批次：本科普通批 投档志愿：首次志愿											
学校	文科						理科				
	计划数	投档比例	投出数	最高分	最低分	最低位次	计划数	投档比例	投出数	最高分	最低分	最低位次
A001 北京大学	24	100	24	680	663	26	28		41	716	691	80
A002 中国人民大学	40	100	40	662	655	100	40	100	40	685	674	601
A003 清华大学	2	100	2	671	670	0	72	100	72	710	688	125
A003 清华大学（院校特定要求）							7	100	7	687	672	712
A004 北京交通大学	7	100	7	634	631	989	94	100	94	653	640	4996
A004 北京交通大学（中外合作办学）							18	100	18	618	608	16066
A005 北京工业大学							17	135	23	625	619	11489
A005 北京工业大学（中外合作办学）							14	105	15	614	603	18614
A006 北京航空航天大学	8	100	8	640	638	594	140	100	140	678	669	916
A007 北京理工大学	9	100	9	636	634	827	130	100	130	669	660	1749
A007 北京理工大学（中外合作办学）							10	100	10	646	638	5471
A008 北京科技大学	21	104	22	632	618	2215	134	101	135	653	625	9066
……	……	……	……	……	……	……	……	……	……	……	……	……

以上信息是学生志愿填报的重要参考依据,在"学校＋专业"的录取模式下,这些参考依据具有很强的指导性,在"冲、稳、保"的志愿填报指导思想下,基本能够保证学生平行志愿投档的准确性。

2. 新高考改革后的志愿填报参考依据

2020 年作为首次"专业(专业类)＋学校"模式志愿填报,夏季高考成绩由"3+3"(语文、数学、英语 3 科＋思想政治、历史、地理、物理、化学、生物 6 个等级考试科目任选 3 科)组成,等级考试科目共有 20 种选科组合,原有的参考依据已经不能适应新高考改革后志愿填报的参考要求。2020 年新高考改革后可能会提供的参考依据有:

一是 2020 年普通高校招生计划。普通高校招生专业计划,内容包括院校、专业(专业类)、层次、选考科目要求、计划数、学制、学费参考等。将在《山东省普通高校招生填报志愿指南》上向社会公布。自每段(次)录取结束后,剩余院校专业招生计划通过官方网站(www. sdzk. cn)统一公布。

二是招生高校的招生章程。认真研读报考院校当年招生章程,其中特别是各专业对考生的要求,如体检、外语语种、单科成绩、综合素质评价、选考科目要求等。不符合报考条件的专业一定不要填报,否则一旦投档到某个高校的专业,又不符合高校招生章程的要求就会造成退档。考生可登录高校的官方网站或教育部阳光高考平台查询。

三是往年的专业录取情况。填报志愿前,山东省教育招生考试院网站将发布前三年各院校专业(分文理)录取平均分、最低分和相应位次(或名次)等信息,供考生做参考。

四是 2020 年考生成绩排序信息。对于普通类考生来说,提供"1+6"成绩的有关排序信息,"1"是指 2020 年高考总成绩,"6"是指等级考试 6 科中,选考某一科的所有考生总成绩分段表。参加艺术、体育专业考试的,还提供艺术类统考综合成绩分段表、联考综合成绩分段表,艺术类统考专业成绩分段表,体育类综合成绩分段表等,填报志愿前将在山东省教育招生考试院网站公布。

表 4-25 新高考改革后文化成绩一分一段表（样表）

| 分数段 | 2020 年夏季高考和普通高中学业水平等级模拟考试文化成绩一分一段表 | | | | | | | | | | | | | |
| | 选考物理 | | 选考化学 | | 选考生物 | | 选考政治 | | 选考历史 | | 选考地理 | | 所有考生 | |
	本段人数	累计人数	本段人数	累计人数	本段人数	累计人数	本段人数	累计人数	本段人数	累计人数	本段人数	累计人数	本段人数	累计人数
695	1	1	1	1	1	1	0	0	0	0	0	0	1	1
693	1	2	1	2	1	2	0	0	0	0	0	0	1	2
691	1	3	1	3	1	3	0	0	0	0	0	0	1	3
689	1	4	1	4	1	4	0	0	0	0	0	0	1	4
688	1	5	1	5	1	5	0	0	0	0	0	0	1	5
687	1	6	1	6	1	6	0	0	0	0	0	0	1	6
686	2	8	2	8	2	8	0	0	0	0	0	0	2	8
685	3	11	3	11	3	11	0	0	0	0	0	0	3	11
684	2	13	2	13	2	13	0	0	0	0	0	0	2	13
683	4	17	4	17	4	17	0	0	0	0	0	0	4	17
682	3	20	3	20	3	20	0	0	0	0	0	0	3	20
681	2	22	2	22	2	22	0	0	0	0	0	0	2	22
680	3	25	3	25	2	24	0	0	0	0	1	1	3	25
679	5	30	5	30	4	28	1	1	0	0	0	1	5	30
678	10	40	10	40	9	37	0	1	1	1	0	1	10	40
677	4	44	4	44	4	41	0	1	0	1	0	1	4	44
676	10	54	10	54	10	51	0	1	0	1	0	1	10	54
675	11	65	10	64	9	60	1	2	1	2	1	2	11	65
674	13	78	13	77	12	72	0	2	0	2	1	3	13	78
673	22	100	19	96	17	89	2	4	3	5	3	6	22	100
672	13	113	12	108	10	99	2	6	3	8	2	8	14	114
671	13	126	13	121	13	112	1	7	1	9	1	9	14	128
……	……		……		……		……		……		……		……	

表4-26 山东省2019年普通高考本科普通批首次志愿录取情况统计表(理工类)(样表)

院校代号	院校名称	专业代号	专业名称	录取最低分	最低位次	平均分
A001	北京大学	27	数学类(数字与应用数学(数字)、数学与应用数学(概率统计)、数学与应用数学(科学与工程计算)、数学与应用数学(信息科学)、数学与应用数学(金融)、数据科学与大数据技术)	689	52	696.29
A001	北京大学	29	物理学类(物理学、大气科学、核物理(核科学与技术))	687	82	690.60
A001	北京大学	32	电子信息类(电子信息科学与技术、微电子科学与工程、电子信息工程、集成电路设计与集成系统)	694	前50名内	694.00
A001	北京大学	33	计算机类(计算机科学与技术、智能科学与技术、数据科学与大数据技术,软件工程)	688	65	690.00
A001	北京大学	34	化学类(化学、应用化学、材料化学、化学生物学)	689	55	693.50
A001	北京大学	43	理科试验班类(数学类、物理学类、天文学、化学类、环境科学与工程类、环境科学、城乡规划、地质学类、地球物理学类、心理学类,生物科学类、历史学类、考古学,社会学类、哲学类、国际政治、经济学类、工商管理类、法学类、公共管理类、新闻传播学类、外国语言文学类等)	691	前50名内	694.63
A001	北京大学	49	经济学类(经济学、金融学、国际经济与贸易、保险学、财政学、资源与环境经济学)	687	81	693.80
A001	北京大学	50	工商管理类(金融学、经济学(金融)、会计学、市场营销)	693	前50名内	693.50
......	......	......	......	......	......	......

　　从上述参考依据来看,可供学生参考的统计表会更加多样化,更加复杂。即使公布了近三年的专业位次,也是在文理分科背景中的高校录取线下的专业位次,单纯使用考生成绩位次对应往年的专业录取位次,存在很大的不确定性。另外,按照"专业(专业类)+学校"招生后,每个专业是一个投档单位,计划数分散到各专业,与改革前以学校为单位投档相比较,其不确定性更大,波动性更大。

（三）志愿填报的准备工作

　　分数公布后是志愿的填报工作,2020年新高考改革政策变化较大,考生及家长要深入理解政策规定,研究并理性参考各类统计数据,分析学科优势,定位专业方向,合理选择志愿,助力志愿填报和录取。

1. 充分了解我省新高考改革的政策规定

熟知自己所属的考试类别变化,掌握与自己息息相关的听力考试、文化课考试、等级分数转换、志愿设置、志愿填报、投档录取等相关情况。

2. 结合实际,客观评价自己

根据学习兴趣、专业取向和未来发展规划,初步选择专业方向、报考学校等,做到综合考虑,理性选择,稳步推进。

3. 仔细研究招生计划

每年的《山东省普通高等学校招生计划填报志愿指南》是考生填报志愿的依据,其中包含了招生学校的代码、名称、专业代码、专业名称、计划数、学制、收费标准等内容;同时也要及时关注省招考院官网公布的计划变更、每阶段录取剩余计划及填报要求。

4. 关注高校的招生简章

高校的招生简章具有法律效应,详细公布了高校相关专业在各省招生的规则、要求、限制,考生务必要仔细研读,了解后选择填报。

5. 了解所选学校的办学层次、性质和收费标准

目前高校办学性质有公办、民办,本科、专科之分。考生应及时掌握学校有关信息,按照自己的兴趣、爱好及成绩选择有利于自身发展的学校和专业。

6. 综合考虑专业、学校、地域、类别等因素

可首先选出考生喜欢、有特长或优势的若干个专业,再考虑高校、地域等因素;也可首选出若干所高校,再考虑专业等因素;还可以高校和专业兼顾选择。

7. 筛选形成合理梯度的志愿预填名单

在平行志愿招生批次,选择足量的"专业(专业类)+学校"志愿,要拉开适当的梯度,增加录取几率。

8. 借助志愿填报辅助系统

用好志愿填报辅助系统的筛选功能,提前将志愿选好导出志愿预填表。在规定的填报志愿时间,将志愿预填表导入志愿填报系统,正式填报志愿。

(四)志愿填报

2020年高考志愿填报包括志愿填报辅助和志愿填报两个系统,这是根据新

高考改革志愿数量较多、填报方式变化进行的科学决策。根据业务流程,首先开通志愿填报辅助系统,然后再开通志愿填报系统,考生应根据自身情况合理安排志愿填报,用好志愿填报辅助系统,在规定时间内完成志愿填报。

1. 志愿填报辅助系统

新高考改革后志愿数量大幅增加,志愿填报辅助系统的启用将有助于考生提前进行志愿的筛选,减轻正式志愿填报带来的压力。志愿填报辅助系统可为考生提供按照批次、报考科类、志愿类型、层次、省份、选考科目、科目关系、院校名称、专业名称等条件查询,并根据考生的等级选考科目筛选符合考生选科要求的学校和专业。考生根据自己的成绩、爱好、兴趣等选择需要填报的专业,并对学校及专业顺序进行调整。

考生根据官方公布的方式进入志愿填报辅助系统,通过条件筛选,选择符合本人填报要求的学校专业志愿,选定后点击提交按钮,可生成本次考生志愿预填表,该志愿预填表信息同时发送至考生高考专属服务邮箱,供考生查看。新高考改革后的志愿数量较多,对于是否必须选满志愿数量,考生根据自身的实际情况确定。在辅助系统关闭前,考生可以对志愿进行修改、删除、增加、调整志愿顺序等操作。

2. 志愿填报系统

根据考生志愿填报流程,考生登录志愿填报系统后,可一键导入考生在志愿填报辅助系统中保存的志愿预填表内容;导入后,考生可对志愿信息进行修改、删除、增加、调整志愿顺序等操作;考生确认志愿填报无误后,输入相关密码提交志愿信息,完成志愿填报。

3. 志愿填报注意事项

(1)要合理安排填报时间,新高考改革后志愿数量明显增加,建议考生尽量早于志愿填报结束前半天提交,避免因意外造成志愿填报无法完成。

(2)要牢记登录密码和短信验证码,保护密码的安全。密码忘记可以通过使用平台"找回密码"页面的"找回个人登录密码"功能找回。可重新自行设置密码,也可以持有效证件去报名县(市、区)招生办公室重新设置密码。

(3)手机丢失或误删除导致系统发送的手机短信密码丢失时,可使用平台"找回密码"页面的"重发手机短信密码"功能,重新给注册手机号码发送手机短信密码。若考生更换手机号码,要及时联系报名县(市、区)招生办公室解决。手机短信密码长期有效(打印准考证、填报志愿等使用),务必准确填写手机号码并妥善保存短信密码。

(4)志愿填报时,考生应及时登录山东省教育招生考试院官网,查看学校计划变更和志愿填报有关事项提示。

(5)普通类、艺术类、体育类相同性质的录取批次在同一录取时段内不能兼报。已被高校录取的考生,不得进行改录和换录,不能参与下面批次的志愿录取。

(五)志愿投档模式

从考试的发展历程来看,志愿填报模式大体分为两种:顺序志愿模式和平行志愿模式。不同的志愿填报模式决定了不同的投档录取。从录取机制上看,平行志愿方式更有利于考生志愿的录取,有效降低学生志愿填报的风险,保护高分考生的优先选择,有利于高校的人才选拔。

1. 顺序志愿模式

2013 年以前,山东普通高考录取采用顺序志愿模式。顺序志愿指同一个录取批次设置第一学校志愿、第二学校志愿等多个学校志愿。如图 4-5。

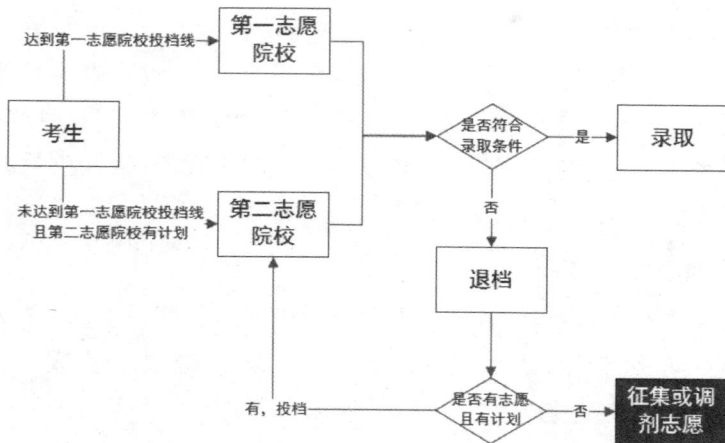

图 4-5　顺序志愿投档

顺序志愿投档录取时,依据学生的分数进行排队,先按照考生填报的第一志愿进行投档;第一志愿录取结束后,将剩余的考生再按照分数排队,进行第二志愿投档,依次直至志愿录取结束。

顺序志愿的填报存在一定的偶然性和风险性,若某高校报考的人数远超计划数,出现高校招生的"大年",录取分数会大幅提高,会导致部分学生第一志愿未被录取,后续填报学校志愿第一志愿已经录取满额,造成高分学生落榜而形成心理落差;若报考人数小于招生计划数,出现高校招生的"小年",会出现有学生运气好的"捡漏"情况。这种情况可能会随机出现在某个高校,导致了录取的不确定与不可控。

2. 平行志愿模式

平行志愿投档录取模式是高考志愿的一种新方式。2008 年,教育部在安徽省、湖南省、江苏省、辽宁省、上海市与浙江省 6 个省(市)实行平行志愿投档录取模式的试点改革。2009 年,教育部又新增了福建省、贵州省、海南省、河北省、吉林省、江西省、四川省、云南省、广西与宁夏 10 个省(区)实行改革试点,平行志愿投档录取模式进一步在全国推广。2010 年,广东省实行平行志愿投档录取模式;2013 年山东省实行平行志愿投档录取模式。多年的实践证明,实行平行志愿投档录取模式,有效降低了考生志愿填报风险。

平行志愿指一个录取批次包含若干个平行学校志愿,投档时按照"分数(位次)优先、遵循志愿"的原则,即在完成考生成绩的位次排序后,从位次最高的考生开始,每一个位次均依照该考生填报的高校志愿顺序进行检索投档。

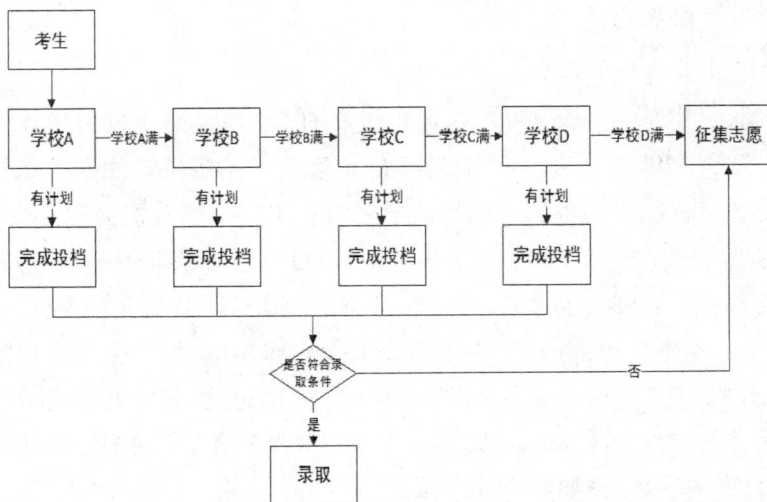

图 4-6　平行志愿投档

平行志愿投档是计算机从考生的第一个报考志愿开始,检索到考生符合某所高校投档条件后,即投档。由此可见,平行志愿填报也是存在顺序关系的。每轮投档时,一个考生只能享受一次投档机会,考生被投档以后,即使考生成绩符合后面所有志愿高校的投档条件,计算机将不再检索其排序在后面的志愿。考生被投档到某个高校后,若因专业不服从调剂或体检受限等原因被退档(2020年新高考改革后,平行志愿按照"专业(专业类)+ 学校"投档,取消了专业服从调剂),则没有机会再被投档到其他志愿高校,只能参加下一轮征集志愿。对于考生来说,平行志愿模式更有利于考生的志愿填报,考生在充分了解平行志愿的投档规则的基础上,可以采取"冲、稳、保"的志愿填报策略,合理填报志愿,保证志愿填报的命中率。

(六)影响录取的因素

新高考改革前,普通高校招生录取退档原因共有29条,在录取期间,普通文理类考生被退档的主要原因是第二条"所报专业已满,不服从调剂"和第五条至第八条的"体检不合格、体检专业受限、色盲、色弱"。"若想提高录取几率,必须要填上专业服从调剂",这是在志愿填报过程中被提及频率最高的一句话。随着新高考改革"专业(专业类)+ 学校"模式的开启,平行志愿投档模式的"专业服从调剂"将成为历史,投档是按照专业精准投档,考生要关注各种影响录取的因素全面分析,准确填报。

1. 身体健康状况的影响

教育部、卫生部、中国残疾人联合会印发的《普通高等学校招生体检工作指导意见》(教学〔2003〕3 号,以下简称《指导意见》)是各省普通高考体检的重要依据,高校录取也以此为依据对投档的学生进行审核。要特别提醒注意的是《指导意见》的前三条:"一、患有下列疾病者,学校可以不予录取……二、患有下列疾病者,学校有关专业可不予录取……三、患有下列疾病不宜就读的专业……"

在规定的高考体检期间,学生应按照流程完成体检,体检医师会根据学生体检情况给出"合格""专业受限"和"不合格"的结论,并将结论打印在《体检结论告知书》上由学生签字确认,在"专业受限"和"不合格"的描述上会明确考生受限或不合格的项目,例如,"专业受限:二、2""不合格:一、1"等。

2018年山东省普通高等学校招生考生体检结论告知书

学校：		班级：		姓名：			
姓名		性别		报考序号			
身份证号				学生号			
眼科	裸眼视力	左	矫正视力	左	矫正度数	左	异常情况描述
		右		右		右	
	彩色图案及彩色数码检查						无
	单色识别能力检查						
内科	血压 mmHg	发育情况：		心脏血管：		腹部器官：	
		呼吸系统：		神经系统：		肝功能：	
		既往病史：					
外科	身高　CM	皮肤：		面部：		颈部：	
	体重　KG	脊椎：		四肢：		关节：	
耳鼻喉科	听力：	口吃：		嗅觉：		耳鼻咽喉：	
胸部透视：							
指导意见	合格：						

打印日期：2018-03-17

图 4-7　体检结论告知书（样表）

体检信息是高校审核和录取考生的重要依据，也是很多学生容易忽视的重要退档原因。

例如，考生王某"专业受限"项"二、2"，根据第二条"患有下列疾病者，学校有关专业可不予录取"中第 2 条具体的内容要求："色觉异常Ⅱ度（俗称色盲）不能录取的专业，除同轻度色觉异常外，还包括美术学、绘画、艺术设计、摄影、动画、博物馆学、应用物理学、天文学、地理科学、应用气象学、材料物理、矿物加工工程、资源勘探工程、冶金工程、无机非金属材料工程、交通运输、油气储运工程等专业。专科专业与以上专业相同或相近专业。"

如果考生王某报考了"天文学"专业，学校在审核时依据《指导意见》可以不予录取。但如果报考"医学类"专业，仔细阅读第 2 条的内容会发现有一句重要的话，"除同轻度色觉异常外，还包括……"，而"轻度色觉异常（俗称色弱）"是第二项中第 1 条的内容，也就是说考生王某体检受限的专业除了"二、2"规定的专业外，还要包含"二、1"中的专业，而在"二、1"中明确包含了"医学类"，因此，考生王某报考"医学类各专业"，高校在审核时依据《指导意见》可以不予录取。

在体检结束后，考生拿到体检告知书，往往会忽视告知书上的指导意见，也不仔细对照《指导意见》查看受限专业情况，即使看了也可能因距离志愿填报还有很长的一段时间而忽略了体检受限问题，导致志愿填报出现失误，被学校退档。

《指导意见》是高校审核、录取考生的重要依据，学生和家长要高度重视普通高考体检结果，志愿填报时应及时对照《指导意见》查看哪些专业不能填报，规避风险，提高录取率。

2. 外语语种的影响

高校（专业）对考生外语语种要求多样，考生要注意那些限制非英语语种的专业，在填报专业时要考虑。

3. 单科成绩的影响

学校的招生简章是重要的参考依据，考生不能忽视。部分高校的专业在招生时会对考生的一科或多科进行分数要求，考生在填报时要根据自己的成绩合理选择，避免不符合学校的要求而被退档。

新高考改革后，按照专业投档录取，投档单位由学校为单位具体到专业为单位，相应的计划数也分配到专业，投档更加精细化。考生要充分考虑这种变化对志愿填报和录取的影响，对相关数据进行分析研判，采取合理的填报策略，提高志愿填报的质量。

四、新高考改革下的多元录取

2014 年，《国务院关于深化考试招生制度改革的实施意见》（国发〔2014〕35 号文）中提出，要"构建中国特色现代教育考试招生制度，形成分类考试、综合评价、多元录取的考试招生模式"。2018 年 3 月 27 日，山东省公布了《山东省政府办公厅关于印发山东省深化高等学校考试招生综合改革试点方案的通知》（鲁政办发〔2018〕11 号），要求 2017 年启动高等学校考试招生综合改革试点，2020 年整体实施，形成分类考试、综合评价、多元录取的高校考试招生模式，健全促进公平、科学选才、监督有力的高校考试招生体制机制。2019 年 4 月 23 日，全国第三批启动高考综合改革试点的 8 个省（市）确定，从 2018 年秋季入学的高中一年级学生开始，实行基于统一高考和高中学业水平考试成绩、参考综合素质评价的多元录取模式，到 2021 年，初步建立分类考试、综合评价、多元录取的高校考试招生制度。

多元录取是在国家统一要求下的多元化录取方式,是基于高考成绩、学业水平考试成绩,参考学生高中阶段综合素质评价,有利于国家选拔人才、有利于高中学校因材施教、有利于考生德智体美劳全面发展的多元化录取模式。目前实行的多元化录取方式有"强基计划"招生、综合评价招生、高职(专科)单独考生招生、高职(专科)综合评价招生、体育单独招生、保送生等。

(一)山东省 2020 年新高考改革的招生种类

1. 夏季高考统一考试招生

2020 年夏季高考实行"3+3"考试模式,实行统一命题、考试、阅卷、成绩公布、志愿填报、录取。分为普通类、艺术类、体育类 3 类,不分文、理科。根据文件规定,2020 年夏季高考听力考试时间安排在 1 月 8 日,笔试考试时间安排在 6 月 7 日至 10 日,这是我国目前最为重要、影响最大的考试。

2. "强基计划"招生

按照教育部规定,2020 年起,不再组织开展高校自主招生工作,推出"强基计划"。"强基计划"主要选拔培养有志于服务国家重大战略需求且综合素质优秀或基础学科拔尖的学生。聚焦高端芯片与软件、智能科技、新材料、先进制造和国家安全等关键领域以及国家人才紧缺的人文社会科学领域,由有关高校结合自身办学特色,合理安排招生专业。要突出基础学科的支撑引领作用,重点在数学、物理、化学、生物及历史、哲学、古文字学等相关专业招生。

(1)招生办法。

在保证公平、公正的前提下,探索建立多维度考核评价考生的招生模式。高校根据有关拔尖创新人才培养需要,制定"强基计划"的招生和培养方案。符合高校报考条件的考生可在高考前申请参加"强基计划"招生。高校依据考生的高考成绩,按在各省(区、市)"强基计划"招生名额的一定倍数确定参加高校考核的考生名单。考生参加统一高考和高校考核后,高校将考生高考成绩、高校综合考核结果及综合素质评价情况等按比例合成考生综合成绩(其中高考成绩所占比例不得低于 85%),根据考生填报志愿,按综合成绩由高到低顺序录取。

(2)特殊考虑。

对于极少数在相关学科领域具有突出才能和表现的考生,有关高校可制定破格入围高校考核的条件和破格录取的办法、标准,并提前向社会公布。考生参加统一高考后,由高校组织相关学科领域专家对考生进行严格考核,达到录取标准的,经高校招生工作领导小组审定,报生源所在地省级高校招生委员会核准后予以破格录取。被破格录取的考生的高考成绩原则上不得低于各省(区、市)本科一批录取最低控制分数线(合并录取批次省份应单独划定相应分数线)。

(3)招生程序。

3月底前,试点高校发布年度"强基计划"招生简章。4月,符合报考条件的考生可在网上报名参加"强基计划"招生。6月,所有考生参加统一高考。6月25日前,各省级招生考试机构向有关高校提供报名考生高考成绩(不含高考加分)。6月26日前,高校依据考生的高考成绩,按在各省(区、市)"强基计划"招生名额的一定倍数确定参加学校考核的考生名单并公示入围标准。7月4日前,高校组织考核。7月5日前,高校将考生高考成绩、高校综合考核结果及综合素质评价情况等按比例合成考生综合成绩(其中高考成绩所占比例不得低于85%),根据考生填报志愿,按考生综合成绩由高到低进行录取并公示录取标准。

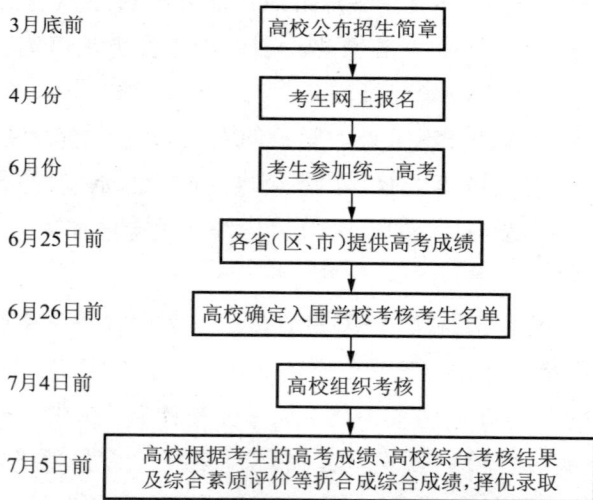

3月底前	高校公布招生简章
4月份	考生网上报名
6月份	考生参加统一高考
6月25日前	各省(区、市)提供高考成绩
6月26日前	高校确定入围学校考核考生名单
7月4日前	高校组织考核
7月5日前	高校根据考生的高考成绩、高校综合考核结果及综合素质评价等折合成综合成绩,择优录取

图4-8 "强基计划"招生程序

(4)"强基计划"试点高校名单。北京大学、中国人民大学、清华大学、北京航空航天大学、北京理工大学、中国农业大学、北京师范大学、中央民族大学、南开大学、天津大学、大连理工大学、吉林大学、哈尔滨工业大学、复旦大学、同济大学、上海交通大学、华东师范大学、南京大学、东南大学、浙江大学、中国科学技术大学、厦门大学、山东大学、中国海洋大学、武汉大学、华中科技大学、中南大学、中山大学、华南理工大学、四川大学、重庆大学、电子科技大学、西安交通大学、西北工业大学、兰州大学、国防科技大学。

（5）"强基计划"和原自主招生的区别。

一是选拔定位不同。自主招生主要选拔"具有学科特长和创新潜质的学生"，而"强基计划"主要选拔"有志于服务国家重大战略需求且综合素质优秀或基础学科拔尖的学生"。

二是招生专业不同。自主招生未限定高校招生专业范围;"强基计划"突出基础学科的支撑引领作用,重点在数学、物理、化学、生物及历史、哲学、古文字学等相关专业安排招生。

三是入围校考的依据不同。自主招生的入围依据主要是考生的申请材料;"强基计划"的入围依据是考生高考成绩,极少数在相关学科领域具有突出才能和表现的考生,有关高校可制定破格入围高校考核的条件和办法,并提前向社会公布。

四是录取方式不同。自主招生采取降分录取的方式,最低可降至"一本"线;"强基计划"将考生高考成绩(不低于85%)、高校综合考核结果和综合素质评价等折算成综合成绩,从高到低顺序录取,体现出对学生更加全面的考查。

五是培养模式不同。相关高校对自主招生录取的学生在培养方式上未做特殊安排;"强基计划"录取学生将实行小班化、导师制,并探索"本—硕—博"衔接的培养模式,畅通学生成长发展通道,实现招生培养的良性互动。

3. 本科综合评价招生

本科高校综合评价招生是在中央部属和办学水平较高的省属本科高校开展的特殊类型招生形式。

在高校层面,招生高校制定并公开招生办法,明确报考条件,规定考核内容,严格考核程序,确定成绩比例,规范组织录取。考生自主向相关高校提出申请,接受报考学校考核,按规定参加夏季高考并达到规定要求。

在高中层面,考生所在中学(单位)或原毕业中学,应依据学生综合素质评价省级管理平台的记录和在校表现情况,按照高校要求如实提供能够反映学生表现和发展的写实性材料及其他材料。

招生高校制定并公开招生办法,严格报名申请和考核程序,规范组织录取。做到所有信息公开公示,接受社会监督。综合评价招生的最大特点就是其招生录取以考生综合成绩择优录取。

综合评价招生的考生成绩,采取的则是"3+3+高校考核+综合评价"。其中,第一个"3"是指夏季高考语文、数学、外语科目考试成绩;第二个"3"是指高中学业水平等级考试成绩;高校考核成绩是指高校自主进行的笔试、面试等成绩;"综合评价"是指高校对考生的高中综合素质档案进行评价赋分。招生高校以考生综合成绩为基础,对学生个人的特长、能力、高中阶段学习表现以及综合素质评价信息等进行重点考核和综合测评,将学生的过程性表现和标志性成果作为考核和测评的重要内容,择优录取考生。

4. 春季高考统一考试招生

春季高考实行全省统一命题、考试、阅卷、成绩公布、志愿填报、录取。考试时间安排在每年5月,考试成绩由"知识+技能"组成,"知识"部分考4科,为语文、数学、英语及专业知识,"技能"部分考专业基本技能。招生分为18个专业类别,分别为农林果蔬、畜牧养殖、土建、机械、机电一体化、电子电工、化工、服装、汽车、信息技术、医药、护理、财经、商贸、烹饪、旅游服务、文秘服务、学前教育,考生必须选择报考专业类别。2020年及2021年报名条件为中职毕业生、普通高中毕业生、具有同等学力人员。从2022年起,报名条件为中职应届毕业生、社会人员。

5. 高职(专科)单独考试招生

招生对象:我省高职(专科)单独考试招生主要面向中等职业学校(含职业中专、职业高中、普通中专、成人中专、技工学校)学生,普通高中往届毕业生及具有同等学力人员也可以报考。

考试和录取:高职(专科)单独考试招生由招生学校负责组织管理、命题、考试、阅卷和统分。招生学校的考核包括文化素质考试和专业技能测试。文化素质考试由各招生学校独立或联合组织,专业技能测试以招生学校为单位组织。

考生综合成绩:由招生学校依据考生的文化素质考试成绩和专业技能测试成绩按一定比例计算形成,招生学校按照招生章程,依据考生综合成绩,参考综合素质评价择优录取,其中运动专长考生和退役军人考生单列计划、单独录取。

6. 高职(专科)综合评价招生

招生对象:我省高职(专科)综合评价招生主要面向普通高中应届毕业生或结业生开展。

考试和录取:高职(专科)综合评价招生由招生学校负责组织管理、命题、考试、阅卷和统分。招生学校的考核包括考生的综合素质评价和职业适应性测试。

综合素质评价:招生学校组织有关专家、教师等专业人员,按照考生高中阶段综合素质评价体系和办法,对考生的高中阶段学生综合素质档案材料进行研究分析,采取集体评议等方式对考生综合素质情况做出客观评价并赋予一定分值。

职业适应性测试:重点考核考生的综合能力和职业潜质等。综合能力重点考查考生的道德品质、交流与合作能力、解决问题的能力和创新能力等;职业潜质重点考查考生对专业的了解程度、兴趣爱好、职业价值观、职业性格与报考专业(职业)的匹配程度,以及学生学习及将来从事某专业(职业)所应具备的潜能。

考生综合成绩由招生学校依据考生综合素质评价成绩和职业适应性测试成绩按一定比例计算形成,招生学校按照招生章程,依据考生综合成绩择优录取。

7. 体育单独招生

体育单招是部分体育专业单独招生的简称,是指经教育部、国家体育总局批准,部分学校可以对运动训练、武术与民族传统体育专业实行单独招生。招生对象为符合高考报名条件并具备二级运动员(含)以上运动技术等级资格的考生。体育单独招生实行文化考试和体育专项考试相结合的办法,文化考试由省招考院统一安排在国家教育考试标准化考点实施,专项考试分项目采用全国统考和分区统考模式,由国家体育总局委托学校负责组织实施。

8. 保送生

具备保送资格的考生向有关学校或部门提出保送申请,提交高中学业水平成绩和综合素质档案,经审核确认并通过多级公示后,参加有关高校组织的保送生综合考核,高校根据选拔要求完成选拔并公示拟录取保送生名单,由省级招生考试机构进行审核确认并办理录取手续。目前,中学生学科奥林匹克竞赛国家集训队成员、济南外国语中学推荐优秀学生、公安英烈子女、退役运动员4类人员具有保送资格。

9. 公费生、委培师范生招生

山东省公费生包括公费师范生、公费医学生、公费农科生三种类型。其中公费师范生、公费农科生招生层次为本科，公费医学生招生层次包括本科和专科。市级政府委托高等院校培养师范生简称委培师范生，招生层次为本科。

报考条件：符合以下条件的山东高中阶段学校学籍毕业生均可报名参加公费生、委培师范生招生：① 热爱所报考专业及将来从事职业，品行良好，遵纪守法。② 通过山东省普通高等学校招生报名且夏季高考成绩不低于我省规定的最低录取控制线。③ 自愿承诺签订并履行公费生、委培师范生协议，其中公费师范生、医学生要保证毕业后在定向就业单位工作不少于 6 年（其中公费本科医学生不含住院医师规范化培训时间、公费专科医学生不含参加 2 年助理全科医生培训时间），公费农科生要保证毕业后在定向就业单位工作不少于 5 年。④ 身体健康，报考公费师范生、医学生、委培师范生要具备认定教师资格或医师资格的身体条件等。⑤ 报考委培师范生还须经过委托培养市有关部门面试，且面试结论为"通过"。

优惠政策：公费生在校学习期间免除学费、住宿费，并给予一定的生活补助。所需经费由省财政按每生每年 10000 元的标准拨付高校。其中生活补助经费标准为每生每年 4000 元，学校按每人每月（共 10 个月，寒暑假除外）400 元标准足额发放。根据经济发展水平和财力状况，逐步提高经费拨付标准和生活补助标准。

公费生应按协议就业，由相关部门根据协议规定落实工作岗位，有编有岗，违约者需承担相应责任。委培师范生顺利毕业并取得教师资格证的，由委托培养市安排工作，有编有岗。

10. 农村专项计划招生

山东省农村专项计划有三种形式：高校专项计划、农村专项计划和高职院校专项计划。

（1）高校专项计划：报考高校专项计划须同时具备以下条件：① 符合我省统一高考报名条件并参加山东省夏季高考；② 本人及父亲或母亲或法定监护人户籍地在实施区域的农村，本人具有当地连续 3 年以上户籍；③ 本人具有户籍所在县高中连续 3 年学籍并实际就读。

考生志愿所填报的高校，必须是已提前取得高校专项计划资格的高校。

（2）农村专项计划：报考农村专项计划须同时符合以下条件：① 符合我省统

一高考报名条件并参加山东省夏季高考;② 本人及父亲或母亲或法定监护人的户籍地及居住地在实施区域的农村,且本人具有当地连续 3 年以上的户籍;③ 本人具有户籍所在县(市、区)高中连续 3 年学籍并实际就读;④ 高考成绩达到我省规定的最低录取控制分数线。

（3）高职院校专项计划:报考高职院校专项计划须同时符合以下条件:① 我省建档立卡贫困家庭学生;② 符合我省普通高等学校招生统一考试报名条件,且参加山东省当年春季高考或夏季高考。

11. 高水平艺术团招生

高水平艺术团招生是高校为了活跃校园文化,提升学生艺术素质水平,通过高考招收的有艺术特长的考生。考生须符合普通高校报名的基本条件和各项要求,具有一定的艺术特长,在参加招生高校高水平艺术团招生专业测试合格并在教育部"阳光高考"平台公示后,方具备报考高水平艺术团资格。

取得招生高校高水平艺术团招生资格的考生须参加山东省 2020 年夏季高考并在特殊类型批填报志愿。录取时根据教育部"阳光高考"平台公示的合格名单和考生填报的志愿向招生高校投放档案,由招生高校审查决定是否录取。

12. 高水平运动队招生

高水平运动队招生是指经过教育部批准的招生高校根据本校高水平运动队项目的建设需要,推进素质教育,从参加全国统考的学生中特招有体育项目特长且又符合高等学校年度招生工作规定的学生。

符合下列条件之一者,可报名参加高水平运动员考试:① 获得国家二级运动员(含)以上证书且高中阶段在省级(含)以上比赛中获得集体项目前六名的主力队员或个人项目前三名者;② 获得国家一级运动员(含)以上证书者,或近 3 年内在全国(或国际)集体项目比赛中获得前八名的主力队员。

考生须符合所报高校的相关招生规定,考生所持本人运动员技术等级证书中的运动项目应与报考高校的运动项目一致(原则上运动小项也应对应一致,田径项目须严格对应)。

高水平运动员单设志愿,考生只能填报取得教育部"阳光高考"平台公示合格资格的高校,同时取得多个高校资格的也只能填报 1 个高校志愿。参加招生院校文化单独考试且经教育部"阳光高考"平台公示合格的高水平运动员考生单独办理录取手续,不需要再填报高水平运动员志愿。

(二)新高考改革后的录取方案

1. 夏季高考划线办法

表 4-27　夏季高考划线办法

类别	划线情况	划线办法	
普通类	一段线	根据考生高考总成绩(含政策性加分,下同),按照当年普通类本科招生计划数的1:1.2划定	
	二段线	根据考生高考总成绩,按照当年普通类本、专科招生计划总数和生源情况划定,作为考生参与录取的最低控制线	
	特殊类型招生控制线	根据考生高考总成绩,按照普通类本科招生计划数的1:0.5划定	
艺术类	艺术类本科文化控制线	以普通类一段线为基数,按教育部规定的各专业类别的比例划定	美术类、音乐类、书法类本科文化录取控制分数线按普通类一段线的70%划定
			文学编导类、播音主持类、摄影类本科文化录取控制分数线按普通类一段线的85%划定
			舞蹈类、影视戏剧表演类、服装表演(模特)类本科文化录取控制分数线按普通类一段线的65%划定
	艺术类专科文化控制线	与普通类二段线相同	
体育类	一段线	体育类在专业成绩合格生源范围内按综合分数划线。综合分数按照专业成绩占70%、文化成绩占30%的办法计算。根据考生综合成绩,按照当年体育类本科招生计划数的1:1.2划定	
	二段线	根据考生综合成绩,按照当年体育类本、专科计划总数和生源情况划定	

2. 普通类投档录取规则

表 4-28　普通类投档录取规则

批次	提前批	特殊类型批	常规批
招生类型	1. 军事、公安、航海、消防、公费师范(医学、农科)生、市级政府委托培养师范生、综合评价招生、高水平运动员、飞行技术等类型的本科招生 2. 飞行技术、直招士官生等类型的专科招生	教育部高校专项计划、高校高水平艺术团等类型的本科招生	未列入提前批和特殊类型批的其他本科、专科招生

批次	提前批	特殊类型批	常规批
志愿模式	实行以学校为单位的志愿模式,不实行平行志愿。安排2次志愿填报,第1次考生填报1个学校志愿;第2次考生填报4个顺序学校志愿	安排1次志愿填报,考生填报1个学校志愿。在特殊类型招生控制线上且具有相关资格的考生可填报教育部高校专项计划志愿;符合招生高校根据教育部规定提出的分数要求、具有相关资格的考生可以填报高校高水平艺术团招生志愿	实行"专业(专业类)+学校"为单位的平行志愿模式。安排3次志愿填报,第1次普通类一段线上考生填报本科志愿。第2次和第3次普通类二段线上未被录取的考生(含未被录取的一段线上考生)填报本、专科志愿。每次填报志愿的数量最多不超过96个
填报次数	安排2次志愿填报	安排1次志愿填报	安排3次志愿填报
投档录取规则	根据考生高考成绩和志愿,按照不同招生类型规定的投档比例进行投档,志愿相同的同分考生全部投档,由高校择优录取	将高考总成绩达到或超过特殊类型招生控制线,且取得特殊类型招生相关资格的考生,根据考生志愿按规定比例进行投档,由高校审核录取	根据考生高考成绩和志愿,按学校专业招生计划1:1投档,由高校审核录取

常规批不再严格划分本专科批次,以一段线、二段线取代本、专科最低录取控制分数线,淡化本、专科批次的概念,未达到一段线的考生也有机会参与常规批部分本科志愿的填报和录取,打破了人为给招生学校专业分批分等的既有格局,促使所有高校专业公平竞争,激发高校专业的发展活力。

3. 艺术类录取批次录取规则

表4-29 艺术类投档录取规则

批次	提前批	本科批	专科批
招生类型	独立设置的艺术学校、参照独立设置艺术学校执行的其他学校,中央部门属高校及部分省属高校除美术类专业之外的艺术类专业,省属公费师范生、市级政府委托培养师范生专业招生	除提前批之外的所有艺术类本科招生	所有艺术类专科招生

续表

批次	提前批	本科批	专科批
志愿模式	以学校为单位的志愿模式	1. 统考、联考专业（专业类）实行平行志愿，均实行以"专业（专业类）＋学校"为单位的志愿模式。每次志愿填报的数量不超过60个 2. 校考专业不实行平行志愿，每次只能填报1个学校志愿。（含6个专业志愿及"是否服从专业调剂"选项）	1. 经教育部批准可以组织专业校考的部分专业（专业类），每次志愿填报1个学校志愿 2. 除此之外的其他专业实行平行志愿，按"专业（专业类）＋学校"志愿模式填报，每次志愿填报的数量不超过60个
填报次数	安排2次志愿填报	安排3次志愿填报	安排2次志愿填报
投档录取规则	独立设置的本科艺术院校及参照独立设置本科艺术院校执行的专业，不限制文化课成绩；中央部门属高校及部分省属高校本科专业须达到我省艺术类本科线。根据考生志愿，关联其填报的第一专业合格成绩全部投档，由高校择优录取	在艺术类本科文化控制线上 1. 统考和联考专业遵循考生志愿，关联专业合格成绩，根据综合分数或专业分数按招生计划1:1投档，由高校审核录取 2. 校考专业关联考生填报的第一专业合格成绩全部投档，由高校择优录取	在艺术类专科文化控制线上 1. 组织专业校考的专业（专业类）遵循考生志愿，关联专业合格成绩全部投档，由高校择优录取 2. 统考专业（即美术类和文学编导类）遵循考生志愿，根据综合分数按招生计划的1:1投档，由高校审核录取

4. 艺术类统考、联考综合分数计算

表4-30　艺术类统考、联考专业综合分数计算

类别	计算原则	计算公示
美术类专业（使用统考成绩）	综合分数按照专业成绩占70%、文化成绩占30%的办法计算	综合成绩＝专业成绩×（750/300）×70%＋文化成绩×30%，保留小数点后两位
文学编导类（使用统考成绩）	综合分数按照专业成绩占30%、文化成绩占70%的办法计算	综合成绩＝专业成绩×（750/300）×30%＋文化成绩×70%，保留小数点后两位
播音主持类（使用联考成绩）	综合分数按照专业成绩占30%、文化成绩占70%的办法计算	综合成绩＝专业成绩×（750/200）×30%＋文化成绩×70%，保留小数点后两位
书法类（使用联考成绩）	综合分数按照专业成绩占40%、文化成绩占60%的办法计算	综合成绩＝专业成绩×（750/100）×40%＋文化成绩×60%，保留小数点后两位

注：公式中的"750"是高考文化成绩满分分值，"300"是美术类和文学编导类统考成绩满分分值，"200"是播音主持类联考成绩满分分值，"100"是书法类联考成绩满分分值。

5. 体育类投档录取规则

表 4-31 体育类投档录取规则

批次	提前批	常规批
招生类型	省属公费师范生本科招生	未列入提前批的其他本、专科招生
志愿模式	均实行以学校为单位的志愿模式。达到体育类一段线的考生可以填报提前批志愿	均实行以"专业(专业类)+学校"为单位的平行志愿模式,第1次志愿填报由体育类一段线上考生填报本科志愿,第2次和第3次志愿填报由体育类二段线上考生(含未被录取的一段线上考生)填报本、专科志愿
填报次数	安排2次志愿填报	安排3次志愿填报
投档录取规则	遵循考生志愿,依据综合分数按规定的比例进行投档	遵循考生志愿,依据考生综合分数,按专业招生计划的1:1投档

新高考改革力求通过建立多元化录取体系打破"一考定终身"的录取单一性,多元录取将在今后的招生中发挥重要的作用,为考生的个性发挥、多元发展,高校的人才选拔提供更多的途径、更好的平台。

高等学校的考试招生是一个复杂的体系,新高考改革工作也是一个不断发展变化的过程。上述分析研究的内容从时间节点上限于 2020 年 2 月,如其中的内容、观点与此时间节点之后国家、省发布的文件不一致,当以最新发布的文件精神为准。

附 录

国务院关于深化考试招生制度改革的实施意见

国发〔2014〕35 号

各省、自治区、直辖市人民政府，国务院各部委、各直属机构：

考试招生制度是国家基本教育制度。党的十八届三中全会对考试招生制度改革作出全面部署，今年《政府工作报告》提出了明确要求。改革开放 30 多年来，我国考试招生制度不断改进完善，初步形成了相对完整的考试招生体系，为学生成长、国家选才、社会公平作出了历史性贡献，对提高教育质量、提升国民素质、促进社会纵向流动、服务国家现代化建设发挥了不可替代的重要作用。这一制度总体上符合国情，权威性、公平性社会认可，但也存在一些社会反映强烈的问题，主要是唯分数论影响学生全面发展，一考定终身使学生学习负担过重，区域、城乡入学机会存在差距，中小学择校现象较为突出，加分造假、违规招生现象时有发生。为贯彻落实党中央、国务院决策部署，现就深化考试招生制度改革提出如下实施意见。

一、总体要求

（一）指导思想。

高举中国特色社会主义伟大旗帜，以邓小平理论、"三个代表"重要思想、科学发展观为指导，全面贯彻党的教育方针，坚持立德树人，适应经济社会发展对多样化高素质人才的需要，从有利于促进学生健康发展、科学选拔各类人才和维护社会公平出发，认真总结经验，突出问题导向，深化考试招生制度改革，为办好人民满意的教育、建设人力资源强国提供有力保障，为实现"两个一百年"奋斗目标和中华民族伟大复兴的中国梦提供强有力的人才支撑。

（二）基本原则。

坚持育人为本，遵循教育规律。把促进学生健康成长成才作为改革的出发点和落脚点，扭转片面应试教育倾向，坚持正确育人导向，践行社会主义核心价值观，深入推进素质教育，培养德智体美全面发展的社会主义建设者和接班人。

着力完善规则，确保公平公正。把促进公平公正作为改革的基本价值取向，加强宏观调控，完善法律法规，健全体制机制，切实保障考试招生机会公平、程序公开、结果公正。

体现科学高效，提高选拔水平。增加学生选择权，促进科学选才，完善政府监管机制，确保考试招生工作高效、有序实施。

加强统筹谋划，积极稳妥推进。整体设计从基础教育到高等教育考试招生制度改革，促进普通教育、职业教育、继续教育之间衔接沟通，统筹实施考试、招生和管理制度综合改革，试点先行，稳步推进。

（三）总体目标。

2014年启动考试招生制度改革试点，2017年全面推进，到2020年基本建立中国特色现代教育考试招生制度，形成分类考试、综合评价、多元录取的考试招生模式，健全促进公平、科学选才、监督有力的体制机制，构建衔接沟通各级各类教育、认可多种学习成果的终身学习"立交桥"。

二、主要任务和措施

（一）改进招生计划分配方式。

1. 提高中西部地区和人口大省高考录取率。综合考虑生源数量及办学条件、毕业生就业状况等因素，完善国家招生计划编制办法，督促高校严格执行招生计划。继续实施支援中西部地区招生协作计划，在东部地区高校安排专门招生名额面向中西部地区招生。部属高校要公开招生名额分配原则和办法，合理确定分省招生计划，严格控制属地招生比例。2017年录取率最低省份与全国平均水平的差距从2013年的6个百分点缩小至4个百分点以内。

2. 增加农村学生上重点高校人数。继续实施国家农村贫困地区定向招生专项计划，由重点高校面向贫困地区定向招生。部属高校、省属重点高校要安排一定比例的名额招收边远、贫困、民族地区优秀农村学生。2017年贫困地区农村学生进入重点高校人数明显增加，形成保障农村学生上重点高校的长效机制。

3. 完善中小学招生办法破解择校难题。推进九年义务教育均衡发展，完善义务教育免试就近入学的具体办法，试行学区制和九年一贯对口招生。改进高中阶段学校考试招生方式。实行优质普通高中和优质中等职业学校招生名额合理分配到区域内初中的办法。进一步落实和完善进城务工人员随迁子女就学和升学考试的政策措施。

（二）改革考试形式和内容。

1. 完善高中学业水平考试。学业水平考试主要检验学生学习程度，是学生毕业和升学的重要依据。考试范围覆盖国家规定的所有学习科目，引导学生认真学习每门课程，避免严重偏科。学业水平考试由省级教育行政部门按国家课程标准和考试要求组织实施，确保考试安全有序、成绩真实可信。各地要合理安排课程进度和考试时间，创造条件为有需要的学生提供同一科目参加两次考试的机会。2014年出台完善高中学业水平考试的指导意见。

2. 规范高中学生综合素质评价。综合素质评价主要反映学生德智体美全面发展情况,是学生毕业和升学的重要参考。建立规范的学生综合素质档案,客观记录学生成长过程中的突出表现,注重社会责任感、创新精神和实践能力,主要包括学生思想品德、学业水平、身心健康、兴趣特长、社会实践等内容。严格程序,强化监督,确保公开透明,保证内容真实准确。2014年出台规范高中学生综合素质评价的指导意见。各省(区、市)制定综合素质评价基本要求,学校组织实施。

3. 加快推进高职院校分类考试。高职院校考试招生与普通高校相对分开,实行"文化素质＋职业技能"评价方式。中职学校毕业生报考高职院校,参加文化基础与职业技能相结合的测试。普通高中毕业生报考高职院校,参加职业适应性测试,文化素质成绩使用高中学业水平考试成绩,参考综合素质评价。学生也可参加统一高考进入高职院校。2015年通过分类考试录取的学生占高职院校招生总数的一半左右,2017年成为主渠道。

4. 深化高考考试内容改革。依据高校人才选拔要求和国家课程标准,科学设计命题内容,增强基础性、综合性,着重考查学生独立思考和运用所学知识分析问题、解决问题的能力。改进评分方式,加强评卷管理,完善成绩报告。加强国家教育考试机构、国家题库和外语能力测评体系建设。2015年起增加使用全国统一命题试卷的省份。

(三)改革招生录取机制。

1. 减少和规范考试加分。大幅减少、严格控制考试加分项目,2015年起取消体育、艺术等特长生加分项目。确有必要保留的加分项目,应合理设置加分分值。探索完善边疆民族特困地区加分政策。地方性高考加分项目由省级人民政府确定并报教育部备案,原则上只适用于本省(区、市)所属高校在本省(区、市)招生。加强考生加分资格审核,严格认定程序,做好公开公示,强化监督管理。2014年底出台进一步减少和规范高考加分项目和分值的意见。

2. 完善和规范自主招生。自主招生主要选拔具有学科特长和创新潜质的优秀学生。申请学生要参加全国统一高考,达到相应要求,接受报考高校的考核。试点高校要合理确定考核内容,不得采用联考方式或组织专门培训。规范并公开自主招生办法、考核程序和录取结果。严格控制自主招生规模。2015年起推行自主招生安排在全国统一高考后进行。

3. 完善高校招生选拔机制。高校要将涉及考试招生的相关事项,包括标准、条件和程序等内容,在招生章程中详细列明并提前向社会公布。加强学校招生委员会建设,在制定学校招生计划、确定招生政策和规则、决定招生重大事项等方面充分发挥招生委员会作用。高校可通过聘请社会监督员巡视学校测试、录取现场等方式,对招生工作实施第三方监督。建立考试录取申诉机制,及时回应处理各种问题。建立招生问责制,2015年起由校长签发录取通知书,对录取结果负责。

4. 改进录取方式。推行高考成绩公布后填报志愿方式。创造条件逐步取消高校招生录取批次。改进投档录取模式,推进并完善平行志愿投档方式,增加高校和学生的双向选择机会。2015 年起在有条件的省份开展录取批次改革试点。

5. 拓宽社会成员终身学习通道。扩大社会成员接受多样化教育机会,中等职业学校可实行注册入学,成人高等学历教育实行弹性学制、宽进严出。为残疾人等特殊群体参加考试提供服务。探索建立多种形式学习成果的认定转换制度,试行普通高校、高职院校、成人高校之间学分转换,实现多种学习渠道、学习方式、学习过程的相互衔接,构建人才成长"立交桥"。2015 年研究出台学分互认和转换的意见。

(四)改革监督管理机制。

1. 加强信息公开。深入实施高校招生"阳光工程",健全分级负责、规范有效的信息公开制度。进一步扩大信息公开的内容,及时公开招生政策、招生资格、招生章程、招生计划、考生资格、录取程序、录取结果、咨询及申诉渠道、重大事件违规处理结果、录取新生复查结果等信息。进一步扩大信息公开的范围,接受考生、学校和社会的监督。

2. 加强制度保障。健全政府部门协作机制,强化教育考试安全管理制度建设,构建科学、规范、严密的教育考试安全体系。健全诚信制度,加强考生诚信教育和诚信档案管理。健全教育考试招生的法律法规,提高考试招生法制化水平。

3. 加大违规查处力度。加强考试招生全程监督。严肃查处违法违规行为,严格追究当事人及相关人员责任,及时公布查处结果。构成犯罪的,由司法机关依法追究刑事责任。

(五)启动高考综合改革试点。

1. 改革考试科目设置。增强高考与高中学习的关联度,考生总成绩由统一高考的语文、数学、外语 3 个科目成绩和高中学业水平考试 3 个科目成绩组成。保持统一高考的语文、数学、外语科目不变、分值不变,不分文理科,外语科目提供两次考试机会。计入总成绩的高中学业水平考试科目,由考生根据报考高校要求和自身特长,在思想政治、历史、地理、物理、化学、生物等科目中自主选择。

2. 改革招生录取机制。探索基于统一高考和高中学业水平考试成绩、参考综合素质评价的多元录取机制。高校要根据自身办学定位和专业培养目标,研究提出对考生高中学业水平考试科目报考要求和综合素质评价使用办法,提前向社会公布。

3. 开展改革试点。按照统筹规划、试点先行、分步实施、有序推进的原则,选择有条件的省(市)开展高考综合改革试点。及时调整充实、总结完善试点经验,切实通过综合改革,更好地贯彻党的教育方针,全面实施素质教育,增加学生的选择性,分散学生的考试压力,促进学生全面而有个性的发展。2014 年上海市、浙江省分别出台高考综合改革试点方案,从 2014 年秋季新入学的高中一年级学生开始实施。试点要为其他省(区、市)高考改革提供依据。

三、加强组织领导

(一)细化实施方案。各地各有关部门要高度重视考试招生制度改革,切实加强领导。

教育部等有关部门要抓紧研究制定配套文件。各省(区、市)要结合实际制订本地考试招生制度改革实施方案,经教育部备案后向社会公布。

(二)有序推进实施。要充分考虑教育的周期性,提前公布考试招生制度改革实施方案,给考生和社会以明确、稳定的预期。及时研究解决改革中遇到的新情况新问题,不断总结经验、调整完善措施。

(三)加强宣传引导。要加大对改革方案和政策的宣传解读力度,及时回应社会关切,解疑释惑、凝聚共识,营造良好改革氛围。

国务院

2014 年 9 月 3 日

山东省深化考试招生制度改革实施方案
鲁政发〔2016〕7 号

为贯彻落实党的十八大和十八届三中、四中、五中全会精神,推进我省教育考试招生制度改革,根据《国务院关于深化考试招生制度改革的实施意见》(国发〔2014〕35 号)要求,现就深化教育考试招生制度改革提出以下实施方案。

一、总体要求

(一)指导思想。

全面贯彻党的教育方针,坚持立德树人,遵循人才培养和选拔规律,按照有利于学生健康成长、有利于科学选拔人才、有利于教育教学改革、有利于维护社会公平的原则,坚持问题导向,根据国家考试招生制度改革总体要求,深化我省考试招生制度改革,为办好人民满意的教育、建设经济文化强省提供有力保障,为实现"两个一百年"奋斗目标和中华民族伟大复兴的中国梦提供强有力的人才支撑。

(二)基本原则。

——立德为本。遵循教育规律和人才成长规律,推进素质教育,深化课程改革,减轻学生课业负担,促进学生健康成长和个性发展,培养德智体美全面发展的社会主义建设者和接班人。

——公平公正。加强宏观调控,改革体制机制,完善标准,规范程序,继续推行"阳光招生",切实保障考试招生机会公平、程序公开、结果公正。

——综合多元。注重人才评价的综合性和多元性,满足科学选拔人才和招生录取多样化需要,综合推进考试内容及方式、学生综合素质评价、录取办法和招生体制改革。

——统筹协调。统筹规划各学段考试招生制度改革,协同推进考试、招生、录取各环节配套改革,促进基础教育、职业教育、高等教育协调发展。

（三）总体目标。

根据国家深化考试招生制度改革的总体部署,统筹谋划,科学设计,稳步实施。在2015年实施考试招生制度专项改革的基础上,2017年启动高校考试招生综合改革试点,2020年全面推进,形成分类考试、综合评价、多元录取的考试招生模式,健全促进公平、科学选才、监督有力的考试招生体制机制,建立遵循教育规律、符合山东实际的教育考试招生制度。

二、主要任务和措施

（一）确立我省教育考试招生基本模式。

1. 完善义务教育学校招生办法。加强招生入学管理,进一步落实义务教育免试就近入学制度,科学划设学区,公办学校严格按学区招生,实行学区制和九年一贯对口招生。规范民办学校招生,由设区市统筹义务教育阶段民办学校招生政策。

2. 改革高中阶段学校招生录取方式。改变单纯以分数为依据的招生录取办法,建立多次考试、等级表达、综合评价、多元录取的考试招生机制。积极推进以初中学业水平考试等级和综合素质评价结果为依据录取新生的招生模式。完善优质普通高中指标生分配办法,扩大高中学校招生自主权,由学校根据自身办学需要和办学特色制订录取方案,实行综合录取、特长录取和推荐录取。加快高中阶段(含技工学校、高级技工学校)统一招生录取平台建设,完善职普统一、学生自主报考、学校自主录取的考试招生录取机制,为学生成长成才提供多样选择。

3. 实施高等教育分类考试招生制度。实行以春季高考和夏季高考(全国统一考试,下同)为主要形式的高等教育分类考试招生制度。夏季高考主要为本科院校招生,春季高考主要为高职(高专)院校和部分应用技术型本科高校选拔学生。到2017年,分类考试招生成为高职院校招生的主渠道。

（二）改革考试评价形式和内容。

1. 完善初中学业水平考试和综合素质评价制度。初中学业水平考试范围覆盖国家义务教育课程方案规定的所有科目,考试科目成绩以等级形式呈现,考查科目成绩分为"合格"或"不合格"。综合素质评价反映学生德智体美全面发展情况,评价内容一般包括思想品德、学业水平、身心健康、艺术素养、社会实践等方面。坚持过程性评价与终结性评价相结合,进行日常评价、学期评价和毕业评价。把初中学业水平考试成绩和综合素质评价结果作为高中阶段学校招生录取的依据。建立和完善审核制度、公示制度、复查复议和申诉制度、责任追究制度等配套措施。

2. 完善普通高中学业水平考试制度。考试分为合格考试和等级考试。合格考试是学生毕业的主要依据,覆盖国家课程方案规定的所有科目,成绩以"合格"或"不合格"呈现;等级考试科目根据国家要求结合我省实际设定,成绩以等级形式呈现,纳入高校招生录取。考试由省教育厅统一组织管理,省教育招生考试院具体实施,各科目试题由我省自行命制。依据课程标准科学确定考试难度和区分度,统筹协调课程进度和考试时间安排,逐步实现考试向不同年级学生开放,增加学生的考试机会。2016 年 9 月前出台我省普通高中学业水平考试实施方案。

3. 建立并规范高中阶段学生综合素质评价制度。综合素质评价内容主要包括学生思想品德、学业水平、身心健康、兴趣特长、社会实践等,是学生毕业、升学的重要参考依据。自 2017 年秋季高中阶段入学新生开始,全面实施综合素质评价制度。科学设计评价体系和评价指标,建立规范的综合素质档案,客观记录学生成长发展过程中的突出表现,注重社会责任感、创新精神和实践能力,建立并完善高中阶段学生综合素质评价省级管理平台,严格程序,强化监督,确保评价过程规范有序、公开透明,评价结果客观准确、真实可用。2016 年 9 月前出台普通高中学生综合素质评价实施方案和中等职业学校学生综合素质评价实施方案。

4. 建立普通高中学生职业适应性测试制度。自 2017 年秋季入学新生开始,报名参加高职(高专)单独招生和综合评价招生的普通高中学生,应参加职业适应性测试。按照有利于选拔和培养高素质技术技能型人才的要求,明确测试内容,科学设计测试标准和测试方式。2016 年 9 月前出台普通高中学生职业适应性测试指导意见。各招生院校根据人才选拔的要求,结合各自特点和实际,研究制订具体实施办法及测试结果的使用要求,并及时向社会公布。

5. 调整夏季高考命题内容和方式。依据国家课程标准和高校选拔人才的要求,科学设计考试内容,着重考查学生独立思考和运用所学知识分析问题、解决问题的能力。加强考试命题研究,创新试题设计,突出能力考查,增强考试内容的综合性、基础性和应用性。根据国家关于增加使用全国统一命题试卷省份的要求,在 2015 年外语科目使用全国卷的基础上,我省夏季高考自 2016 年起文科综合、理科综合科目,2018 年起语文、数学科目使用全国卷。

6. 深化夏季高考科目改革。积极推进高校考试招生综合改革试点,增加夏季高考与高中学习的关联度。自 2017 年秋季高中入学新生开始,考生夏季高考考试成绩由统一高考的语文、数学、外语和考生选考的 3 科普通高中学业水平等级考试成绩组成。其中语文、数学、外语为全国统考科目,各科满分分值为 150 分,不分文理科,外语科目提供 2 次考试机会。纳入高考录取的等级考试科目,由考生根据自身特长和兴趣爱好,结合高校招生对等级考试科目组合的要求,从思想政治、历史、地理、物理、化学、生物 6 个等级考试科目中选择。积极创造条件,将技术(含信息技术、通用技术)科目纳入等级考试科目。2017 年 6 月前出台我省高等学校考试招生制度综合改革方案。

7. 完善春季高考"文化素质 + 专业技能"考试。自 2020 年起，"文化素质"考试包括语文、数学和英语 3 科，考试满分 320 分，其中语文、数学各 120 分，英语 80 分；"专业技能"考试满分 430 分，包括专业知识和技能测试两部分。一体化设计专业知识考试和技能测试，技能测试可根据专业（学科）的不同需要采取笔试或实际操作测试的方式。完善专业技能考试组织办法，逐步实行由行业（专业）指导委员会或学校（专业）联盟组织、招生考试机构监督的考试形式。

（三）创新高等学校招生录取机制。

1. 改革夏季高考招生录取机制。自 2020 年起，建立基于统一高考和高中学业水平考试成绩、参考综合素质评价的招生录取机制。高校根据招生专业（类），对纳入高考录取的等级考试科目的组合方式提出要求，同时根据学校办学特色和人才培养要求，提出考生综合素质评价信息的使用办法，相关要求和使用办法实施前，须提前 2 年向社会公布。

2. 完善高职（高专）院校招生多元录取机制。高职（高专）院校招生录取采取春季高考、单独招生、综合评价招生等方式进行。春季高考，依据"文化素质"和"专业技能"考试成绩，参考学生综合素质评价信息录取考生。单独招生，录取中职学生以招生院校组织的考试成绩和中职学生学业水平考试为依据，参考高中阶段学生综合素质评价信息；录取普通高中学生以普通高中学业水平合格考试成绩和职业适应性测试结果为依据，参考高中阶段学生综合素质评价信息。高职（高专）综合评价招生，可以以考生高考（含春季高考、夏季高考）成绩为依据，也可以以中职学生学业水平考试成绩或普通高中学业水平合格考试成绩及职业适应性测试结果为依据，参考综合素质评价信息录取。优化五年制高等职业教育招生录取方式，实行以初中学业水平考试等级为依据、参考综合素质评价的录取方式；进一步完善技能拔尖人才招生办法，拓宽技能拔尖人才的升学渠道，逐步扩大高职院校招收有实践经历人员的比例。

3. 深化高校招生志愿填报和录取改革。春季高考实行按专业类别填报志愿和平行志愿录取模式，为考生提供更多的选择机会。自 2017 年起，夏季高考实施招生录取批次改革和投档录取模式改革，本科段招生除提前批次外，实行同一批次录取。自 2020 年起招生采用"专业（类）+ 学校"志愿填报和招生录取方式。探索实行考生一档多投、多次选择的投档模式，增加高校与考生之间双向选择机会。

4. 探索本科高校综合评价招生。自 2016 年起，在部分中央部属高校和办学水平较高的省属本科高校，选择部分专业开展综合评价招生改革，探索"统一高考 + 学业水平考试 + 学校考核（综合素质评价 + 面试）"的招生方式。高校依据考生的统一高考成绩、高中学业水平考试成绩和学校考核成绩，按比例形成综合成绩，择优录取。

5. 完善和规范高校自主招生。自主招生应选拔具有学科特长和创新潜质的优秀学生。招生高校要进一步完善申请报名和审核程序，规范录取程序和要求，做到信息全面公开公示,自觉接受监督。高校应结合本校相关学科、专业特色及培养要求,合理确定考核内容和形式,探索完善科学、有效、简便、规范的考核方式。申请学生应参加夏季高考,达到相应要求,接受报考学校的考核。

(四)完善促进教育公平政策体系。

1. 完善随迁子女在当地入学和参加考试制度。各县(市、区)要结合当地实际完善随迁子女接受义务教育办法,坚持以全日制公办中小学为主、相对就近的原则,确保进城务工人员随迁子女在当地平等接受义务教育。各设区市要研究制定完成义务教育后随迁子女升入高中阶段学校的政策措施,保障随迁子女在当地平等参加高中考试入学权利。进一步完善进城务工人员随迁子女在我省参加高考报名的政策,凡具有我省高中阶段学校学籍并有完整学习经历的合格毕业生,均可在我省就地报名参加高考,并与当地考生享受同等录取政策。

2. 扩大重点高校招收农村贫困地区学生数量。实施国家重点高校农村学生单独招生计划、省属重点高校招收农村学生专项计划,提高农村贫困地区学生升入重点高校比例,为农村贫困地区优秀学生提供更多进入重点高校学习机会。进一步提高农村学生专项计划比例,扩大招生规模,完善招生办法,严格招生区域范围,加强考生资格审核,形成保障农村贫困地区学生升入重点高校的长效机制。

3. 严格控制高考加分项目。严格执行国家规定的 5 项加分项目,即:"烈士子女""自主就业的退役士兵""在服役期间荣立二等功(含)以上被大军区(含)以上单位授予荣誉称号的退役军人""归侨、华侨子女、归侨子女和台湾省籍考生""山区、少数民族聚居地区的少数民族考生"。以上项目之外的加分项目全部取消。2017 年根据国家规定精神进一步减少高考加分项目,取消"山区、少数民族聚居地区的少数民族考生"高考加分项目。认真执行加分项目设定程序,严格高考加分资格的审核公示,加强监督管理,严厉打击加分资格造假等行为,确保招生录取公平公正。

(五)改革教育考试招生管理监督机制。

1. 严格高校招生计划管理。在科学评估的基础上,综合考虑毕业生就业状况、办学条件、办学水平、生源数量等因素确定高校招生计划,对就业前景好、办学特色鲜明、社会认可度高、经济社会发展需要的专业予以倾斜。完善招生计划编制方式,建立招生计划动态调节机制。严格招生计划管理,严禁无计划或擅自突破计划规模招生。创新民办高校招生计划管理模式,按照国家有关要求,对办学规范、管理严格的民办高职院校,逐步实行在主管部门核定的年度招生计划内自行组织招生。

2. 完善高校招生录取管理监督机制。加强学校招生委员会建设,吸收专家、教授参加,提高组成人员的广泛性和参与度。充分发挥招生委员会在制定学校招生计划、确定招生政策和规则、决定招生重大事项等方面的作用。吸收教师、学生代表参与和监督招生录取过程,提高招生录取工作透明度。通过聘请社会监督员巡视学校测试、录取现场等方式对招生工作实施第三方监督,促进学校形成自觉维护招生秩序、保证招生公平、承担社会责任的自律机制。建立考试录取申诉机制,及时回应处理各种问题,实施招生违规事项问责机制。全面实行校长签发录取通知书制度,由校长对录取结果负责。

3. 深入实施招生阳光工程。实施分级负责、规范有效的地方、高校、中学等多级招生信息公开机制,做到招生政策、招生资格、招生章程、招生计划、考生资格、录取程序、录取结果、咨询及申诉渠道、重大违规事件及处理结果、录取新生复查结果等涉招信息的全面公开。规范各种特殊类型的招生,加强对高校自主招生、保送生、高水平艺术团、高水平运动队等特殊类型考生的资格审查,有关高校应通过本校招生网站和教育部阳光高考平台,及时、准确公示合格考生信息。加强招生信息管理与服务平台建设,确保所有考生可在高校招生各阶段了解和查询到应知、须知的招生政策及相关信息。

4. 进一步规范高校招生行为。贯彻落实《普通高等学校招生违规行为处理暂行办法》(教育部令第36号),严禁违规招收任何形式的预科生,严禁通过混淆学历教育与非学历教育的方式进行欺骗性宣传和欺诈招生,严禁违规收取与招生录取挂钩的任何费用。制订山东省高校招生章程编制管理办法,进一步规范高校招生章程制订、审核和发布工作。加大招生监督检查力度,规范和制约权力运行,及时纠正违规行为。严肃查处违规违法行为,严格追究当事人及相关人员责任。

5. 规范普通中小学招生管理。结合当地实际研究制订具体办法,形成职责明确、协调配合、科学有序、运转高效、公正透明的工作机制。加强对普通中小学招生行为的监管,严禁违规招生,维护招生工作秩序。严格执行教育部规范公办普通高中招收择校生的有关政策。严肃查处中小学各种名目的违规招生和乱收费行为。

三、保障措施

(一)加强组织领导,强化条件建设。各级、各有关部门要高度重视考试招生制度改革,切实加强对改革的领导。建立深化考试招生制度改革的相关部门协作机制,教育行政部门统筹改革的组织实施,有关部门各司其职,密切配合,形成改革合力。要采取切实措施、加大经费投入,改善高中学校办学条件,强化师资队伍建设,提高学校的课程实施能力,满足学生个性化选课和走班要求。加强考试招生机构建设,充实考试命题人员,完善标准化考点建设,提高考试招生机构的考试组织和管理水平。

(二)坚持科学管理,强化制度建设。制定和完善改革各项配套政策和制度,统筹规划,系统设计,精心组织实施。加强考试安全保障制度建设,构建科学、规范、严密的教育考试安全体系。健全诚信制度,加强考生诚信教育和诚信档案管理,严肃查处考试招生的诚信失范行为。健全教育考试招生制度体系,提高考试招生法治化水平。

(三)准确把握节奏,稳步推进改革。考试招生制度改革复杂敏感,政策性强,涉及面广、社会关注度高，要紧密结合山东实际，统筹规划，积极稳妥、循序渐进、逐步推开。充分考虑社会各方面的承受能力，做好各项具体实施方案的可行性论证，加强风险评估，保证各项改革稳步实施。

（四）积极宣传解读，营造良好氛围。进一步加大改革宣传力度，通过对改革的正面宣传凝聚共识，坚定信心。畅通信息公开发布渠道，针对公众关心的问题，主动、及时、全面、准确地发布信息。及时组织专家做好解读工作，提高政策解读的针对性、科学性、权威性和有效性，让公众更好地知晓、理解改革。加强舆情监测，及时回应社会关切，营造良好改革氛围。

山东省深化高等学校考试招生综合改革试点方案
鲁政办发〔2018〕11 号

为深入学习贯彻习近平新时代中国特色社会主义思想和党的十九大精神，根据《国务院关于深化考试招生制度改革的实施意见》（国发〔2014〕35 号）和《山东省深化考试招生制度改革实施方案》等文件要求，现就我省深化高等学校考试招生综合改革工作制定如下方案。

一、总体目标

全面贯彻党的教育方针，坚持立德树人，遵循人才培养和选拔规律，按照有利于促进学生健康成长、有利于高校科学选拔人才、有利于教育教学改革、有利于维护社会公平的原则，2017 年启动高等学校考试招生综合改革试点，2020 年整体实施，形成分类考试、综合评价、多元录取的高校考试招生模式，健全促进公平、科学选才、监督有力的高校考试招生体制机制。

二、主要任务

（一）完善普通高中学业水平考试制度，坚持基础性，突出选择性，促进学生个性发展。

1. 考试科目。自 2017 年秋季高中入学新生起，普通高中学业水平考试分为合格考试和等级考试。合格考试成绩是学生毕业、高中同等学力认定的主要依据；等级考试成绩纳入夏季高考（统一高考，下同）招生录取。

合格考试覆盖国家课程方案规定的所有学习科目，包括语文、数学、外语、思想政治、历史、地理、物理、化学、生物、信息技术、通用技术、音乐、美术、体育与健康等科目。

等级考试科目包括思想政治、历史、地理、物理、化学、生物 6 个科目。条件成熟时，可纳入技术（信息技术、通用技术）等科目。学生可根据自身兴趣、志向、优势和高等学校招生要求，在上述科目中自主选择 3 个科目参加等级考试。学生所选等级考试科目的学业水平合格考试成绩必须达到合格，不合格者不得作为等级考试科目。

2. 考试内容。考试内容以各学科国家课程标准（含学业质量要求）为依据。合格考试范围为各学科课程标准确定的必修内容，等级考试范围为各学科课程标准确定的必修和选择性必修内容。

3. 考试组织。合格考试和等级考试实行全省统一命题、统一考试、统一组织阅卷、统一公布成绩。音乐、美术、体育与健康科目的合格考试，以及通用技术科目合格考试的学校考试部分，采用"过程性学习成果＋专项测试"的方式确定成绩，全省制定统一方案，各市组织实施。

4. 考试对象。普通高中在校学生均应参加合格考试，其中参加夏季高考的学生应参加等级考试；参加夏季高考的高中阶段其他学校在校学生和社会人员只需参加等级考试。

5. 考试时间。合格考试每学年组织 2 次，分别安排在每学年上、下学期末。每个普通高中学生在校期间有多次考试机会，学生应依据课程安排自主选择考试时间，但不得早于高一下学期末。学生在校期间如有未达到合格要求的合格考试科目，允许其在离校两年内继续参加合格考试。

等级考试每年组织 1 次，时间安排在 6 月份夏季高考后进行。普通高中学生在校期间只能参加 1 次选考科目的等级考试。其他高中阶段在校学生和社会人员参加等级考试，与普通高中在校学生同时进行。等级考试成绩当年有效。

6. 成绩呈现。合格考试科目成绩分为"合格"和"不合格"，等级考试科目成绩按照等级呈现，依据转换规则转换后计入高校招生录取总成绩。

（二）建立并规范高中阶段学生综合素质评价制度，强化评价信息使用，促进学生全面发展。

1. 完善评价内容。综合素质评价旨在客观反映学生德智体美全面发展情况，内容包括思想品德、学业水平、身心健康、艺术素养、社会实践等。其中，思想品德主要考察学生在爱党爱国、理想信念、诚实守信、仁爱友善、责任义务、遵纪守法等方面的表现；学业水平主要考察学生基础知识、基本技能掌握情况以及运用知识解决问题的能力等，包括学分修习状况和学业考试成绩；身心健康主要考察学生的健康生活方式、体育锻炼习惯、身体机能、运动技能和心理素质等；艺术素养主要考察学生对艺术的审美感受、理解、鉴赏和表现等能力；社会实践主要考察学生在社会生活中动手操作、体验经历等情况。

2. 严格评价程序。综合素质评价客观记录能够体现学生综合素质水平的具体活动，收集相关典型事实材料，由学生在教师指导下自我整理，遴选能够反映其综合素质水平的重要活动记录、典型事实材料以及标志性成果等相关材料，并由学生向学校提出入档申请。学校对学生提报入档的材料进行审核，通过多种渠道全面公示，接受监督。经审核、公示无异议的材料记入学生综合素质档案，纳入综合素质评价省级管理平台统一管理，形成学生的综合素质档案。学生的综合素质档案公示确认后不得更改。

3. 强化评价结果运用。高校根据自身办学特色、人才培养以及学校招生章程要求，制定科学规范的综合素质评价使用办法，并提前向社会公布。招生录取时，高校组织教师等专业人员，采取集体评议等方式对综合素质档案进行分析，对考生综合素质做出客观评价，评价结果作为招生录取学生的重要参考。

（三）深化夏季高考改革，增加考试的选择性，提高人才选拔水平。

夏季高考以普通本科招生为主。

1. 统一考试招生。

考试科目。自2020年起，夏季高考统一考试科目为语文、数学、外语（含英语、俄语、日语、法语、德语、西班牙语）3个科目，不分文理科，外语考试分两次进行。

考试内容。依据高校人才选拔要求，科学设计命题内容，增强综合性，着重考查学生独立思考和运用所学知识分析问题、解决问题的能力。改进评分方式，加强评卷管理，完善成绩报告。

考试安排。语文、数学考试于每年6月份按照国家统一高考时间进行。外语科目考试分听力和笔试两次进行，其中听力部分有2次考试机会，安排在高三上学期末进行，取最高原始分计入高考成绩；笔试部分有1次考试机会，安排在6月份国家统一高考期间进行，取原始分计入高考成绩。考生的外语高考成绩由听力部分和笔试部分考试成绩相加组成。条件成熟时，增加口语测试并采用机考方式进行，外语科目考试适当增加听说部分成绩的比重。

成绩构成。考生的高校招生录取总成绩由3门统一高考科目成绩和自主选择的3门普通高中学业水平等级考试科目成绩组成，总分为750分。其中，统一高考科目语文、数学、外语的卷面满分分值均为150分，总分450分；考生自主选择的3门普通高中学业水平等级考试科目每科卷面满分分值均为100分，转换为等级分按满分100分计入，等级考试科目总分300分。

等级考试科目的等级计分规则。将每门等级考试科目考生的原始成绩从高到低划分为A、B+、B、C+、C、D+、D、E共8个等级。参照正态分布原则，确定各等级人数所占比例分别为3%、7%、16%、24%、24%、16%、7%、3%。等级考试科目成绩计入考生总成绩时，将A至E等级内的考生原始成绩，依照等比例转换法则，分别转换到91-100、81-90、71-80、61-70、51-60、41-50、31-40、21-30八个分数区间，得到考生的等级成绩。

科目报考要求。在山东招生的高校根据自身办学定位和专业培养目标，从思想政治、历史、地理、物理、化学、生物6个科目中，提出在山东招生的分专业（类）等级考试科目要求。高校应按照有利于人才培养和专业建设的原则，提出等级考试科目报考要求，并提前2年向社会公布。

招生录取。夏季高考按"专业(类)+学校"方式实行平行志愿投档,增加志愿填报数量,最大限度满足考生志愿需求。招生院校依据语文、数学、外语和考生自主选考的3科普通高中学业水平等级考试科目总成绩,参考学生综合素质评价择优录取。

2. 自主招生。

考核安排。高校自主招生旨在选拔具有学科特长和创新潜质的优秀学生。申请考生须向相关高校报名,按规定参加夏季高考,达到相应要求,并接受报考学校的考核。学校考核安排在统一高考后、夏季高考成绩公布前进行。

报考要求。试点高校结合本校办学特点、专业特色和培养要求,合理确定考核内容和形式,重点考查学生的学科特长和创新潜质。高校要制定自主招生简章,规范并公开考核程序、招生办法和录取结果,探索完善科学、有效、简便的考核招生方式。高校自主招生对高考成绩的最低要求,按教育部有关规定执行。

招生录取。自主招生录取工作安排在本科普通批次前进行。试点高校根据本校自主招生简章,由学校招生工作领导小组集体研究确定考生的入选资格、专业及优惠分值。对学科特长或创新潜质、综合素质特别突出的个别优秀考生,经向社会公示后,可由试点高校提出破格录取申请,经山东省招生考试委员会核准后录取。

3. 综合评价招生。

招生院校。在部分中央部属和办学水平较高的省属本科高校开展综合评价招生改革,探索高校多元录取招生模式,促进高校科学选拔人才。

报考要求。招生高校制定并公开招生办法,明确报考条件,规定考核内容,严格考核程序,确定成绩比例,规范组织录取。考生自主向相关高校提出申请,接受报考学校考核,按规定参加夏季高考并达到规定要求。

招生录取。综合评价招生的考生成绩由夏季高考语文、数学、外语科目考试成绩,高中学业水平等级考试成绩,高校考核成绩(含笔试、面试等)和学生综合素质评价成绩等组成,其中夏季高考语文、数学、外语科目考试成绩和高中学业水平等级考试成绩占比原则上不低于50%。招生高校要根据办学定位和专业要求,做好学校考核和学生综合素质评价成绩的评定工作。

工作要求。考生所在中学应依据学生综合素质评价省级管理平台的记录和在校表现情况,按照高校要求如实提供能够反映学生表现和发展的写实性材料及其他材料。招生高校要制定并公开招生办法,严格报名申请和考核程序,规范组织录取,做到所有信息公开公示,接受社会监督。

(四)深化春季高考改革,推行分类考试招生,促进现代职业教育体系建设。

春季高考以高职(专科)招生为主。

1. 统一考试招生。

专业类目。春季高考统一考试招生实行"文化素质＋专业技能"考试模式。按照有利于技术技能型人才培养和选拔的原则，科学调整春季高考统一考试招生专业类目。

成绩构成。春季高考统一考试总分为 750 分。"文化素质"考试包括语文、数学、英语 3 个科目，其中语文 120 分、数学 120 分、英语 80 分，文化素质总分 320 分。"专业技能"考试包括专业知识和技能测试两部分，总分 430 分，其中专业知识满分为 200 分，技能测试满分为 230 分。技能测试成绩根据专业类目性质，可使用分数表达或等级表达，如果使用等级表达，可分为 A、B、C、D、E 五个等级，分别计 230 分、190 分、150 分、110 分、70 分。

笔试考试。"文化素质"考试科目语文、数学、英语和"专业技能"考试的专业知识部分考试采用笔试，安排在每年 5 月份进行，实行全省统一命题、统一组织考试、统一阅卷、统一公布成绩。

技能测试。从 2020 年起，"专业技能"考试的技能测试部分，按照招生专业类目由山东省行业（专业）指导委员会的牵头院校负责组织实施。技能测试可根据需要采用笔试、实际操作，或笔试与实际操作相结合的方式进行，强化测试内容的技术性、综合性和随机性。技能测试时间安排在上一年度 7—12 月份进行，考生最多可参加 2 次测试，取最好成绩计入。

招生录取。春季高考统一考试招生按专业类目实行平行志愿，考生根据报考的专业类目选择相应专业和学校。招生院校依据考生成绩，参考学生综合素质评价择优录取。

2. 单独考试招生。

实施范围。自 2020 年起，春季高考单独考试招生面向中等职业学校学生开展，实施范围为省内具备中职学生继续培养条件、技术技能含量高的高职（专科）院校和本科高校的专科专业。

考试录取。考生需参加招生院校组织的入学考试，入学考试包括文化素质和专业技能两部分，可由招生院校单独组织，也可由相同或相近类型招生院校联合组织。招生院校依据考生入学考试成绩，参考学生综合素质评价择优录取。

3. 综合评价招生。

实施范围。自 2020 年起，面向普通高中学生开展综合评价招生，实施范围为学校定位明确、招生管理规范、行业特色鲜明且社会急需的省内高职（专科）院校和本科高校的专科专业。

测试录取。考生需参加招生院校组织的职业适应性测试。招生院校依据考生的普通高中学业水平合格考试成绩和职业适应性测试结果，参考学生综合素质评价择优录取。

三、保障措施

（一）加强组织领导，强化责任落实。深化高考综合改革是科学选拔人才、提高教育质量、服务经济社会发展的重要举措,各级党委、政府要高度重视,加强统筹协调,积极稳妥实施。各级教育行政部门要加强对考试招生工作的领导,强化组织保障和机构建设,扎实推进各项改革任务落实。各级招生考试机构要完善组织管理,落实管理责任,提高管理水平,确保考试公正。各高等学校要创新招生管理模式,规范招生管理工作,提高人才选拔质量。各高中阶段学校要切实把学生培养工作落细落实,端正办学思想,加强教学管理,配齐配强师资,开足开好课程,做好学业考试和综合素质评价等各项工作,确保改革顺利实施。

（二）加强制度建设,完善保障措施。认真制定和完善综合改革各项配套制度,统筹规划、系统设计、精心组织实施。要强化考试招生的组织管理,完善考试安全保障制度建设,构建科学、规范、严密的考试安全体系。加大投入,改善高中阶段学校办学条件,完善教师绩效考核机制。加强诚信制度建设,健全个人、学校考试招生诚信档案,严厉查处考试招生的诚信失范行为。全面实行校长签发录取通知书制度,由校长对录取结果负责。

（三）加强信息公开,强化社会监督。各有关部门和各级各类学校要深入实施高校招生阳光工程,以教育部招生信息"十公开"和"三十个不准"作为基本要求,确保考试招生组织实施的公平公正、公开透明。建立招生违规行为责任追究制度,严肃查处考试招生中的违规行为,及时公布处理结果。加强督导和监督管理,强化社会监督,完善多渠道监督体系。

（四）加大宣传力度,形成良好氛围。强化政策解读,加大对深化高考综合改革的重要意义、政策措施、程序规则的宣传力度,让学生和社会充分知晓相关政策内容,把握改革的主动权,积极营造高校考试招生综合改革的良好社会环境和舆论氛围。

山东省 2020 年普通高校招生夏季考试和录取工作实施方案
鲁招考委〔2019〕3 号

根据教育部有关规定和《山东省人民政府关于印发山东省深化考试招生制度改革实施方案的通知》（鲁政发〔2016〕7 号）精神,为落实《山东省人民政府办公厅关于印发山东省深化高等学校考试招生综合改革试点方案的通知》（鲁政办发〔2018〕11 号）确定的高考综合改革试点任务,特制定我省 2020 年普通高校招生夏季考试和录取工作实施方案。

一、总体要求

以习近平新时代中国特色社会主义思想为指导,全面贯彻党的教育方针,按照有利于素质教育、有利于科学选才、有利于教育公平、有利于安全稳定的原则,坚持问题导向和目标导向,坚持统筹兼顾、平稳过渡、简捷高效、易于实施,建立健全科学选才、促进公平、监管有力、服务高效的高校招生工作机制,提升我省招生考试录取工作科学化、规范化和制度化水平,确保高考综合改革平稳实施,维护招生工作公平公正,办好人民满意的教育。

二、考试安排

2020年,我省普通高校招生夏季考试实行"3+3"模式,包括国家统一高考语文、数学、外语(含笔试和听力)等3科,以及考生从普通高中学业水平等级考试思想政治、历史、地理、物理、化学、生物等6科中选报的3科。考试总成绩为750分,3科高考科目原始分数满分均为150分;考生自主选择的3科等级考试科目原始分数满分均为100分,转换为等级分计入总成绩,各科等级分满分均为100分。

(一)国家统一高考。

统一高考科目使用全国统一命题试卷,考试时间安排在6月7日全天和6月8日下午,其中语文考试时间为150分钟,数学考试时间为120分钟,外语(笔试)考试时间为100分钟。外语(听力)考试安排在1月8日上午,连续组织两次,每次考试时长约20分钟,考试成绩取两次中的高分计入外语科目成绩。

国家统一高考时间安排表		
时间科目	上午	下午
1月8日	外语(听力)(9:00开始)	
6月7日	语文(9:00~11:30)	数学(15:00~17:00)
6月8日		外语(笔试)(15:00~16:40)

(二)普通高中学业水平等级考试。

普通高中学业水平等级考试由我省自主命题,考生从思想政治、历史、地理、物理、化学、生物等6个科目中选报3科参加考试。考试时间安排在6月9日~10日,每科考试时间为90分钟。

山东省普通高中学业水平等级考试时间安排表			
时间科目	上午		下午
	8:00~9:30	11:00~12:30	15:30~17:00
6月9日	物理	思想政治	化学
6月10日	历史	生物	地理

三、录取办法

招生类别分普通类、艺术类、体育类三类,按类分批次依次进行录取。考生填报志愿须符合高校招生类别和专业(专业类)选考科目要求。各类别批次被录取的考生不再参加后续志愿的填报和录取。

（一）普通类。

普通类分为提前批、特殊类型批和常规批三个录取批次,录取工作按三个批次依次进行。根据考生高考总成绩(含政策性加分,下同),按照普通类本科招生计划数的1:1.2划定普通类一段线;按照普通类本、专科招生计划总数和生源情况划定普通类二段线,作为考生参与录取的最低控制线;按照普通类本科招生计划数的1:0.5划定特殊类型招生控制线。

1. 提前批。包括军事、公安、航海、消防、公费师范(医学、农科)生、市级政府委托培养师范生、综合评价招生、高水平运动员、飞行技术等类型的本科招生,以及飞行技术、直招士官生等类型的专科招生。

安排两次志愿填报,均实行以学校为单位的志愿模式。第1次志愿填报,考生填报1个院校志愿;第2次志愿填报,考生填报4个顺序院校志愿。普通类一段线上考生可填报本科志愿,也可以填报专科志愿;普通类一段线下、二段线上考生只能填报专科志愿。

根据考生高考总成绩和志愿,按照规定比例进行投档,志愿相同的同分考生全部投档,由高校择优录取。

2. 特殊类型批。包括教育部高校专项计划、高校高水平艺术团等类型的本科招生。

安排一次志愿填报,考生填报1个院校志愿。在特殊类型招生控制线上且具有相关资格的考生可填报教育部高校专项计划志愿;符合招生高校根据教育部规定提出的分数要求、具有相关资格的考生可以填报高校高水平艺术团招生志愿。

根据考生志愿按规定比例进行投档,由高校审核录取。

3. 常规批。包括未列入提前批和特殊类型批的其他本、专科招生。实行分段填报志愿、分段录取的办法。

安排三次志愿填报,均实行以"专业(专业类)＋学校"为单位的平行志愿模式,1个"专业(专业类)＋学校"为1个志愿。考生每次填报志愿的数量最多不超过96个,可以填满所有志愿,也可选择填报部分志愿。第1次志愿填报由普通类一段线上考生填报本科志愿,第2次和第3次志愿填报由普通类二段线上考生(含未被录取的一段线上考生)填报本、专科志愿。

根据考生高考总成绩和志愿,按照学校专业招生计划的1:1投档,由高校审核录取。

（二）艺术类。

艺术类分为本科提前批、本科批和专科批三个录取批次,录取工作按三个批次依次进行。艺术类本科文化控制线以普通类一段线为基数,按教育部规定的各专业类别的比例划定;艺术类专科文化控制线与普通类二段线相同。

1. 本科提前批。包括独立设置的艺术院校、参照独立设置艺术院校执行的其他院校,中央部门属高校及部分省属高校除美术类专业之外的艺术类专业,省属公费师范生、市级政府委托培养师范生专业招生。

安排两次志愿填报,均实行以学校为单位的志愿模式。

填报中央部门属高校及部分省属高校本科专业志愿须达到我省艺术类本科文化控制线;独立设置的本科艺术院校及参照独立设置本科艺术院校执行的其他院校本科专业,依据国家规定不受我省艺术类本科文化控制线限制。

根据考生志愿,关联其填报的第一专业合格成绩全部投档,由高校择优录取。

2. 本科批。除提前批之外的所有艺术类本科招生。

安排三次志愿填报。统考、联考专业(专业类)实行平行志愿,均实行以"专业(专业类)+ 学校"为单位的志愿模式,1 个"专业(专业类)+ 学校"为 1 个志愿,考生每次志愿填报的数量不超过 60 个;校考专业不实行平行志愿,每次只能填报 1 个院校志愿。

统考和联考专业遵循考生志愿,关联专业合格成绩,根据综合分数或专业分数按招生计划 1:1 投档,由高校审核录取;校考专业关联考生填报的第一专业合格成绩全部投档,由高校择优录取。

艺术类统考及部分联考专业根据综合分数从高到低排序投档。综合分数计算办法分别是:

美术类专业(使用统考成绩),综合分数按照专业成绩占 70%、文化成绩占 30% 计算。

文学编导类(使用统考成绩),综合分数按照专业成绩占 30%、文化成绩占 70% 计算。

播音主持类(使用联考成绩),综合分数按照专业成绩占 30%、文化成绩占 70% 计算。

书法类(使用联考成绩),综合分数按照专业成绩占 40%、文化成绩占 60% 计算。

音乐类、舞蹈类联考专业根据专业成绩从高到低排序投档。

3. 专科批。包括所有艺术类专科招生。

安排两次志愿填报。经教育部批准可以组织专业校考的部分专业(专业类),不实行平行志愿,每次志愿填报 1 个院校志愿;除此之外的其他专业实行平行志愿,按"专业(专业类)+ 学校"志愿模式填报,考生每次志愿填报的数量不超过 60 个,可以填满所有志愿,也可选择填报部分志愿。

校考专业遵循志愿,关联专业合格成绩全部投档,由高校择优录取。统考专业遵循考生志愿,根据综合分数按照招生计划的 1:1 投档,由高校审核录取。其他专业认可相同或相近本科专业联考和校考成绩,遵循考生志愿,根据文化成绩按照招生计划的 1:1 投档,由高校审核录取。

(三)体育类。

体育类分为提前批和常规批两个录取批次,录取工作按两个批次依次进行。体育类在专业成绩合格生源范围内按综合分数划线。综合分数按照专业成绩占 70%、文化成绩占 30% 的办法计算。

根据考生综合成绩,按照体育类本科招生计划数的1∶1.2划定体育类一段线;按照体育类本、专科招生计划总数和生源情况划定体育类二段线,作为考生参与录取的最低控制线。

1. 提前批。包括省属公费师范生等类型的本科招生。安排两次志愿填报,均实行以学校为单位的志愿模式。达到体育类一段线的考生可以填报提前批志愿。

遵循考生志愿,依据综合分数按规定的比例进行投档,由高校择优录取。

2. 常规批。包括未列入提前批的其他本、专科招生。实行分段填报志愿、分段录取的办法。

安排三次志愿填报,均实行以"专业(专业类)+学校"为单位的平行志愿模式,1个"专业(专业类)+学校"为1个志愿。考生每次填报志愿的数量最多不超过60个,可以填满所有志愿,也可选择填报部分志愿。第1次志愿填报由体育类一段线上考生填报本科志愿,第2次和第3次志愿填报由体育类二段线上考生(含未被录取的一段线上考生)填报本、专科志愿。

遵循考生志愿,依据考生综合分数,按专业招生计划的1∶1投档,由高校审核录取。

各类各批次实行平行志愿投档录取的专业,考生成绩相同时,依次按语文数学总成绩、语文或数学单科最高成绩、外语单科成绩、等级考试选考科目单科最高成绩、等级考试选考科目单科次高成绩由高到低排序投档;如仍相同,比较考生志愿顺序,顺序在前者优先投档,志愿顺序相同则全部投档。

四、保障措施

(一)加强组织领导。在省委、省政府正确领导和省招生考试委员会统筹协调下,各地、各有关部门要把高考改革作为"一把手"工程,强化属地管理责任,完善统筹协调机制,及时研究解决重大问题。要按照"统一领导、部门协同、分级管理、各负其责"的原则,落实各级招生考试委员会、招生考试机构和招生高校的工作职责,加大组织力度,细化工作方案,强化风险防控和舆情应对,确保2020年高校招生考试录取工作平稳落地实施。

(二)加强基础能力建设。加强招生考试机构和队伍建设,完善招生考试条件保障,高标准建设标准化考点、技术支持服务和信息安全管理系统。加大基础教育投入,改善高中办学条件,综合考虑高中课程改革及选课走班给教师工作量的影响,充分肯定高中教师付出的努力和贡献,采取有效措施提高高中教师的绩效工资。

(三)开展宣传培训。广泛开展政策宣传解读,通过制作"一本宣传册"、拍摄"一部专题片"、开展"一次新闻发布"、组建"一支专家队伍"、组织"一系列专题培训"、搭建"一个联合应答平台",确保政策宣传的科学性、针对性、完整性和准确性,积极为高考综合改革营造良好氛围。

(四)开展模拟演练。根据工作需要开展2020年高校招生夏季考试和录取工作全员全过程模拟演练,及早发现问题、解决问题,完善程序、优化流程,为2020年高考综合改革平稳实施奠定基础。

国务院办公厅关于新时代推进普通高中育人方式改革的指导意见

国办发〔2019〕29 号

各省、自治区、直辖市人民政府,国务院各部委、各直属机构:

普通高中教育是国民教育体系的重要组成部分,在人才培养中起着承上启下的关键作用。办好普通高中教育,对于巩固义务教育普及成果、增强高等教育发展后劲、进一步提高国民整体素质具有重要意义。为贯彻落实全国教育大会精神,统筹推进普通高中新课程改革和高考综合改革,全面提高普通高中教育质量,经国务院同意,现就新时代推进普通高中育人方式改革提出如下意见。

一、总体要求

(一)指导思想。坚持以习近平新时代中国特色社会主义思想为指导,深入贯彻党的十九大和十九届二中、三中全会精神,全面贯彻党的教育方针,落实立德树人根本任务,发展素质教育,遵循教育规律,围绕凝聚人心、完善人格、开发人力、培育人才、造福人民的工作目标,深化育人关键环节和重点领域改革,坚决扭转片面应试教育倾向,切实提高育人水平,为学生适应社会生活、接受高等教育和未来职业发展打好基础,努力培养德智体美劳全面发展的社会主义建设者和接班人。

(二)改革目标。到 2022 年,德智体美劳全面培养体系进一步完善,立德树人落实机制进一步健全。普通高中新课程新教材全面实施,适应学生全面而有个性发展的教育教学改革深入推进,选课走班教学管理机制基本完善,科学的教育评价和考试招生制度基本建立,师资和办学条件得到有效保障,普通高中多样化有特色发展的格局基本形成。

二、构建全面培养体系

(三)突出德育时代性。坚持把立德树人融入思想道德教育、文化知识教育、社会实践教育各环节。深入开展习近平新时代中国特色社会主义思想教育,强化理想信念教育,引导学生树立正确的国家观、历史观、民族观、文化观,切实增强"四个自信",厚植爱党爱国爱人民思想情怀,立志听党话、跟党走,树立为中华民族伟大复兴而勤奋学习的远大志向。积极培育和践行社会主义核心价值观,深入开展中华优秀传统文化教育,加强学生品德教育,帮助学生养成良好个人品德和社会公德。要结合实际制定德育工作实施方案,突出思想政治课关键地位,充分发挥各学科德育功能,积极开展党团组织活动和主题教育、仪式教育、实践教育等活动。

(四)强化综合素质培养。改进科学文化教育,统筹课堂学习和课外实践,强化实验操作,建设书香校园,培养学生创新思维和实践能力,提升人文素养和科学素养。强化体育锻炼,修订学生体质健康标准及评价办法,丰富运动项目和校园体育活动,培养体育兴趣和运动习惯,使学生掌握1—3项体育技能。加强美育工作,积极开展舞蹈、戏剧、影视与数字媒体艺术等活动,培养学生艺术感知、创意表达、审美能力和文化理解素养。重视劳动教育,制定劳动教育指导纲要,统筹开展好生产性、服务性和创造性劳动,使学生养成劳动习惯、掌握劳动本领、树立热爱劳动的品质。

(五)拓宽综合实践渠道。健全社会教育资源有效开发配置的政策体系,因地制宜打造学生社会实践大课堂,建设一批稳定的学生社会实践基地。充分发挥爱国主义、优秀传统文化、军事国防等教育基地,以及高等学校、科研机构、现代企业、美丽乡村、国家公园等方面资源的重要育人作用,按规定免费或优惠向学生开放图书馆、博物馆、科技馆、文化馆、纪念馆、展览馆、运动场等公共设施。定期组织学生深入社区、医院、福利院、社会救助机构等开展志愿服务,走进军营、深入农村开展体验活动。

(六)完善综合素质评价。把综合素质评价作为发展素质教育、转变育人方式的重要制度,强化其对促进学生全面发展的重要导向作用。强化对学生爱国情怀、遵纪守法、创新思维、体质达标、审美能力、劳动实践等方面的评价。要从城乡学校实际出发,完善综合素质评价实施办法,以省为单位建立学生综合素质评价信息管理系统,统一评价档案样式,建立健全信息确认、公示投诉、申诉复议、记录审核等监督保障与诚信责任追究制度。要客观真实、简洁有效记录学生突出表现,对在学生综合素质评价中造假的,要依规依纪严肃追究相关人员责任。

三、优化课程实施

(七)全面实施新课程新教材。各省(区、市)要结合推进高考综合改革,制定普通高中新课程实施方案,2022年前全面实施新课程、使用新教材。组织开展国家级示范性培训、校长教师全员培训和中西部贫困地区专项培训。遴选一批新课程培训基地学校,开展校长教师挂职交流和跟岗学习,对口帮扶薄弱高中。遴选一批新课程新教材实施示范区示范校,发挥引领带动作用。

(八)完善学校课程管理。依照普通高中课程方案,合理安排三年各学科课程,开齐开足体育与健康、艺术、综合实践活动和理化生实验等课程。加强学校特色课程建设,积极开展校园体育、艺术、阅读、写作、演讲、科技创新等社团活动。鼓励普通高中与中等职业学校课程互选、学分互认、资源互通,促进普职融通。严格学分认定管理,对未按课程方案修满相应学分的学生,不得颁发高中毕业证书。加强课程实施监管,落实校长主体责任,强化责任追究。

四、创新教学组织管理

(九)有序推进选课走班。适应普通高中新课程改革和高考综合改革,依据学科人才培养规律、高校招生专业选考科目要求和学生兴趣特长,因地制宜、有序实施选课走班,满足学生不同发展需要。指导学校制订选课走班指南,开发课程安排信息管理系统,加大对班级编排、学生管理、教师调配、教学设施配置等方面的统筹力度,提高教学管理水平和资源使用效率,构建规范有序、科学高效的选课走班运行机制。加强走班教学班级管理和集体主义教育,强化任课教师责任,充分发挥学生组织自主管理作用。

(十)深化课堂教学改革。按照教学计划循序渐进开展教学,提高课堂教学效率,培养学生学习能力,促进学生系统掌握各学科基础知识、基本技能、基本方法,培养适应终身发展和社会发展需要的正确价值观念、必备品格和关键能力。积极探索基于情境、问题导向的互动式、启发式、探究式、体验式等课堂教学,注重加强课题研究、项目设计、研究性学习等跨学科综合性教学,认真开展验证性实验和探究性实验教学。提高作业设计质量,精心设计基础性作业,适当增加探究性、实践性、综合性作业。积极推广应用优秀教学成果,推进信息技术与教育教学深度融合,加强教学研究和指导。

(十一)优化教学管理。完善普通高中教学管理规范,落实市、县监管责任,强化教学常规管理。严格执行教学计划,严禁超课标教学、抢赶教学进度和提前结束课程,严禁组织有偿补课,切实减轻学生过重课业负担。减少高中统考统测和日常考试,加强考试数据分析,认真做好反馈,引导改进教学。

五、加强学生发展指导

(十二)注重指导实效。加强对学生理想、心理、学习、生活、生涯规划等方面指导,帮助学生树立正确理想信念、正确认识自我,更好适应高中学习生活,处理好个人兴趣特长与国家和社会需要的关系,提高选修课程、选考科目、报考专业和未来发展方向的自主选择能力。

(十三)健全指导机制。各地要制定学生发展指导意见,指导学校建立学生发展指导制度,加强指导教师培训。普通高中学校要明确指导机构,建立专兼结合的指导教师队伍,通过学科教学渗透、开设指导课程、举办专题讲座、开展职业体验等对学生进行指导。注重利用高校、科研机构、企业等各种社会资源,构建学校、家庭、社会协同指导机制。高校应以多种方式向高中学校介绍专业设置、选拔要求、培养目标及就业方向等,为学生提供咨询和帮助。

六、完善考试和招生制度

(十四)规范学业水平考试。普通高中学业水平考试主要检验学生达到国家规定学习要求的程度,考试成绩是学生毕业和升学的重要依据。除综合实践活动课程纳入综合素质评价外,国家课程方案规定的其他科目均实行合格性考试,考试内容为必修内容。语数外、政史地、理化生等科目合格性考试由省级统一命题、统一组织实施,鼓励有条件的地方将技术科目和理化生实验操作纳入省级统一考试。体育与健康科目合格性考试按照省级要求由地市统一组织实施;艺术(或音乐、美术)科目合格性考试由省级确定具体组织实施方式。省级统一组织实施的合格性考试应安排在学期末,高一学生参加考试的科目原则上不超过4科。高校招生录取所需学业水平考试科目实行选择性考试,考试内容为必修和选择性必修内容,由省级统一组织实施。

(十五)深化考试命题改革。学业水平选择性考试与高等学校招生全国统一考试命题要以普通高中课程标准和高校人才选拔要求为依据,实施普通高中新课程的省份不再制定考试大纲。优化考试内容,突出立德树人导向,重点考查学生运用所学知识分析问题和解决问题的能力。创新试题形式,加强情境设计,注重联系社会生活实际,增加综合性、开放性、应用性、探究性试题。科学设置试题难度,命题要符合相应学业质量标准,体现不同考试功能。加强命题能力建设,优化命题人员结构,加快题库建设,建立命题评估制度,提高命题质量。

(十六)稳步推进高校招生改革。进一步健全分类考试、综合评价、多元录取的高校招生机制,逐步改变单纯以考试成绩评价录取学生的倾向,引导高中学校转变育人方式、发展素质教育。加强高等学校招生工作能力建设,不断提高招生录取工作科学化专业化水平。高等学校要根据人才培养目标和专业学习基本需要,结合实施高考综合改革省份学生选考情况,不断完善招生专业选考科目要求;把综合素质评价作为招生录取的重要参考,并充分考虑城乡差异和不同群体学生特点,研究制订高中学生综合素质评价使用办法,提前向社会公布。

七、强化师资和条件保障

(十七)加强教师队伍建设。各地要进一步加大编制统筹调配力度,于2020年底前完成普通高中教职工编制核定,适应选课走班教学需要。各省(区、市)要完善普通高中绩效工资管理办法,在核定绩效工资总量时予以适当倾斜,并指导学校完善分配办法。创新教师培训方式,重点提升教师新课程实施、学生发展指导和走班教学管理能力。

(十八)改善学校校舍条件。各地要完善学校建设规划,扩大教育资源,优化校舍功能。要制订优惠政策,建立绿色通道,加快项目审批和工程建设进度。有条件的地方应建设学科教室、创新实验室、社团活动室等,推进数字校园建设。各省(区、市)要制订消除普通高中大班额专项规划,并于2019年12月底前报教育部备案。修订普通高中学校建设标准和装备配备标准,继续实施教育基础薄弱县普通高中建设项目,加大普通高中改造计划实施力度。

(十九)完善经费投入机制。各省(区、市)要完善普通高中建设经费投入机制,明确省(市)县分担责任。在严格遵守政府债务管理规定的前提下,多渠道筹措普通高中建设资金。科学核定普通高中培养成本,健全生均公用经费拨款制度,各地生均公用经费拨款标准应于2020年达到每生每年1000元以上,个别确有困难的地区可延至2022年前。完善成本分担机制,按照规定程序适当调整学费标准,建立生均公用经费拨款标准和学费标准动态调整机制。

八、切实加强组织领导

（二十）坚持党的全面领导。各地要高度重视普通高中教育工作，全面加强党的领导，强化省级政府统筹，落实市、县举办普通高中教育的责任。地方各级政府要将推进普通高中育人方式改革工作纳入重要议事日程，深入研究普通高中教育改革发展中面临的突出问题，特别是高考综合改革背景下师资和校舍资源不足问题，采取有效措施予以解决。要树立正确政绩观和科学教育质量观，完善对学校和教师的考核激励办法，严禁给学校下达升学指标或单纯以升学率评价及奖惩学校和教师。要加强普通高中学校党组织建设，发挥党组织把方向、管大局、保落实的领导作用。

（二十一）明确部门分工。各级教育部门要加强同有关部门的协调沟通，推动落实好各项改革措施。机构编制部门要加大编制统筹力度，做好普通高中教职工编制核定工作。发展改革部门要支持普通高中项目建设，建立并落实学费标准动态调整机制。财政部门要积极健全普通高中经费投入机制。人力资源社会保障部门要支持普通高中学校及时补充教师，完善普通高中绩效工资总量核定办法。自然资源部门要保障学校建设用地。住房城乡建设部门要会同教育部门修订完善普通高中学校建设标准。

（二十二）强化考核督导。国家制定普通高中办学质量评价标准，完善质量监测办法。国务院教育督导委员会要把推进普通高中教育改革发展作为对省级人民政府履行教育职责督导评估的重要内容，特别是对校舍资源建设、师资队伍保障、化解大班额、经费使用管理等方面进行重点督导。省级教育督导部门要强化对市、县政府履行相应职责的督导。要把督导检查结果作为评价政府履职行为的重要依据，对发现的问题要强化问责、限期整改。

（二十三）营造良好环境。推进普通高中育人方式改革是一项复杂的系统工程，各地要统一思想，加强统筹，形成合力。要加强家庭教育指导，引导家长关心孩子身心健康与全面发展。要坚持正确舆论导向，及时解读相关政策，深入宣传正确教育观念和各地典型经验，严禁炒作升学率和高考状元，积极营造有利于推进改革的良好氛围。

国务院办公厅

2019 年 6 月 11 日

教育部关于在部分高校开展基础学科招生改革试点工作的意见

教学〔2020〕1 号

各省、自治区、直辖市高等学校招生委员会、教育厅（教委），有关部门（单位）教育司（局），部属有关高等学校：

为深入贯彻党的十九大和十九届二中、三中、四中全会精神,落实全国教育大会精神,服务国家重大战略需求,加强拔尖创新人才选拔培养,我部决定自2020年起,在部分高校开展基础学科招生改革试点(也称"强基计划")。现就有关工作提出如下意见。

一、指导思想和原则

以习近平新时代中国特色社会主义思想为指导,健全立德树人落实机制,探索多维度考核评价模式,着力实现学生成长、国家选才、社会公平的有机统一。服务国家战略,招收一批有志向、有兴趣、有天赋的青年学生进行专门培养,为国家重大战略领域输送后备人才。坚持育人为本,探索在招生中对学生进行全面、综合评价,转变简单以考试成绩评价学生的做法,引导中学更加重视学生成长过程,更加重视培养学生综合素质。加强统筹协调,与加快"双一流"建设、基础学科拔尖学生培养、加强科技创新等改革相衔接,形成改革合力。促进公平公正,着力完善制度规则,切实保障考试招生机会公平、程序公开、结果公正。

二、试点定位

"强基计划"主要选拔培养有志于服务国家重大战略需求且综合素质优秀或基础学科拔尖的学生。聚焦高端芯片与软件、智能科技、新材料、先进制造和国家安全等关键领域以及国家人才紧缺的人文社会科学领域,由有关高校结合自身办学特色,合理安排招生专业。要突出基础学科的支撑引领作用,重点在数学、物理、化学、生物及历史、哲学、古文字学等相关专业招生。建立学科专业的动态调整机制,根据新形势要求和招生情况,适时调整"强基计划"招生专业。

三、招生学校和规模

起步阶段,在部分"一流大学"建设高校(见附件1)范围内遴选高校开展试点。相关高校可向我部申请并提交相关专业的招生和人才培养一体化方案。我部组织专家综合考虑高校的办学定位、人才培养质量、科研项目及平台建设情况、招生和人才培养方案等因素,按照"一校一策"的原则,研究确定"强基计划"招生高校、专业和规模。2020年起,不再组织开展高校自主招生工作。

高校要与各地教育部门充分沟通协商,统筹考虑国家政策与导向、招生定位和培养要求、各地高考综合改革进程以及中学素质教育推进情况等因素,合理确定在各省(区、市)的"强基计划"招生名额,并在各省(区、市)的分省计划中安排。

四、招生办法

在保证公平公正的前提下,探索建立多维度考核评价考生的招生模式。高校根据有关拔尖创新人才培养需要,制定"强基计划"的招生和培养方案。符合高校报考条件的考生可在高考前申请参加"强基计划"招生。高校依据考生的高考成绩,按在各省(区、市)"强基计划"招生名额的一定倍数确定参加高校考核的考生名单。考生参加统一高考和高校考核后,高校将考生高考成绩、高校综合考核结果及综合素质评价情况等按比例合成考生综合成绩(其中高考成绩所占比例不得低于85%),根据考生填报志愿,按综合成绩由高到低顺序录取。有关高校要认真研究制定高中学生综合素质评价使用办法,并在招生简章中提前向社会公布。

对于极少数在相关学科领域具有突出才能和表现的考生,有关高校可制定破格入围高校考核的条件和破格录取的办法、标准,并提前向社会公布。考生参加统一高考后,由高校组织相关学科领域专家对考生进行严格考核,达到录取标准的,经高校招生工作领导小组审定,报生源所在地省级高校招生委员会核准后予以破格录取。破格录取考生的高考成绩原则上不得低于各省(区、市)本科一批录取最低控制分数线(合并录取批次省份应单独划定相应分数线)。

五、培养模式

招生高校要对通过"强基计划"录取的学生制定单独人才培养方案和激励机制,增强学生的荣誉感和使命感。实施基础学科拔尖学生培养计划的高校,要加强对人才培养的统筹。对通过"强基计划"录取学生可单独编班,配备一流的师资,提供一流的学习条件,创造一流的学术环境与氛围,实行导师制、小班化等培养模式。畅通成长发展通道,对学业优秀的学生,高校可在免试推荐研究生、直博、公派留学、奖学金等方面予以优先安排。探索建立本一硕一博衔接的培养模式,本科阶段培养要夯实基础学科能力素养,硕博阶段既可在本学科深造,也可探索学科交叉培养。推进科教协同育人,鼓励国家实验室、国家重点实验室、前沿科学中心、集成攻关大平台和协同创新中心等吸纳这些学生参与项目研究,探索建立结合重大科研任务进行人才培养的机制。强化质量保障机制,建立科学化、多阶段的动态进出机制,对进入"强基计划"的学生进行综合考查、科学分流。建立在校生、毕业生跟踪调查机制和人才成长数据库,根据质量监测和反馈信息不断完善培养方案和培养模式,持续改进招生和培养工作。高校要加强对学生的就业教育和指导,积极为关键领域输送高素质后备人才。教育部将加强对"强基计划"的政策支持。

六、严格规范管理

高校"强基计划"招生工作全程接受本校纪委监督,并建立申诉途径和举报机制。严格组织高校考核,按照国家教育考试有关要求组织实施。笔试、面试安排在国家教育考试标准化考点进行,试题按机密级事项管理。面试采取专家、考生"双随机"抽签的方式,过程全程录音录像。完善信息公开公示,落实教育部、省级、校级三级信息公开制度,合理设置公开范围,规范公开内容,主动接受监督。严肃查处违规行为,对于违规违纪行为,按照《国家教育考试违规处理办法》《普通高等学校招生违规行为处理暂行办法》严肃处理。对于因疏于管理,造成考场秩序混乱、大规模舞弊、招生严重违规的高校,取消其"强基计划"招生资格,对相关责任人依法依规严肃处理并追责问责。

七、加强组织领导

实施"强基计划"是服务国家重大战略、选拔培养拔尖创新人才、深化高校考试招生制度改革的重要举措。各省（区、市）教育行政部门和有关高校要充分认识做好"强基计划"实施工作的重要意义，严格落实主体责任。有关省级高校招生委员会负责监督相关高校在本地开展"强基计划"录取工作。有关高校是本校"强基计划"实施工作的责任主体，高校主要负责同志要对本校有关考试招生和培养工作负总责。要统筹兼顾本校实际情况，深入研究，根据文件要求认真制定招生和培养方案，确保相关工作科学规范、公平公正、平稳有序。要加强宣传引导，深入细致地做好"强基计划"的宣传解读工作，积极开展面向考生和家长的政策咨询，及时回应社会关切，营造良好改革氛围。教育部将"强基计划"招生及人才培养工作纳入巡视和督导的工作范围，建立动态准入退出机制。

附件：1. "强基计划"试点高校名单

2. "强基计划"招生程序及管理要求

教育部

2020 年 1 月 13 日

附件1

"强基计划"试点高校名单

北京大学、中国人民大学、清华大学、北京航空航天大学、北京理工大学、中国农业大学、北京师范大学、中央民族大学、南开大学、天津大学、大连理工大学、吉林大学、哈尔滨工业大学、复旦大学、同济大学、上海交通大学、华东师范大学、南京大学、东南大学、浙江大学、中国科学技术大学、厦门大学、山东大学、中国海洋大学、武汉大学、华中科技大学、中南大学、中山大学、华南理工大学、四川大学、重庆大学、电子科技大学、西安交通大学、西北工业大学、兰州大学、国防科技大学

附件2

"强基计划"招生程序及管理要求

一、制定招生简章

有关高校应根据本校的办学定位、学科特色等，制定"强基计划"招生简章，内容包括领导机构、招生专业及计划、报考条件及方式、入围高校考核的办法、考核程序及办法、学生综合素质评价使用办法、综合成绩折算办法及录取规则、监督机制、咨询及申诉渠道等。

招生简章报经教育部核准备案后,于 3 月底前向社会公布。

二、考生申请报名

符合生源所在地当年高考报名条件以及"强基计划"招生学校报考条件的考生,由本人提出申请,于 4 月份按高校招生简章要求进行网上报名。省级招生考试机构要对本地报名考生的高考报名资格进行严格审核。

三、考生参加统一高考

报名考生均须参加全国统一高考。

各省级招生考试机构原则上于 6 月 25 日前根据高校招生简章确定的规则,向有关高校提供报名考生高考成绩(不含高考加分)。

四、确定入围高校考核名单并公示

对于以高考成绩入围高校考核的,有关高校在各省(区、市)本科一批录取最低控制分数线(合并录取批次省份应单独划定相应分数线,下同)上,按照在生源所在省份"强基计划"招生名额的一定倍数,以考生高考成绩从高到低确定参加高校考核名单。

对于符合高校破格入围条件的考生,考生高考成绩应达到高校招生简章确定的要求,且原则上不得低于各省(区、市)本科一批录取最低控制分数线。

有关高校原则上应于 6 月 26 日前确定入围高校考核的考生名单并公示入围标准。

五、组织高校考核

有关高校于 7 月 4 日前完成对入围考生组织高校考核(含笔试、面试)和体育测试,其中体育测试结果作为录取的重要参考。

高校考核是国家教育考试的组成部分,由招生高校负责组织实施。有关高校要严格执行教育部关于特殊类型考试招生工作相关规定,合理确定高校考核的内容和形式。积极探索通过笔试、面试、实践操作等方式,考查学生分析问题、解决问题的能力和创新思维,增强选才的科学性。要充分运用学生综合素质档案,全面、深入地考察学生的能力和素养。要加强命题安全管理和质量管理,加强面试专家等相关人员名单的安全保密,认真执行回避制度。高校考核的笔试、面试应安排在国家教育考试标准化考点进行,面试采取专家、考生"双随机"抽签的方式,全程录音录像。

考生综合素质档案由省级教育行政部门或中学根据入围高校考核的考生名单于 6 月 27 日前提供。已建立省级统一信息平台的省份,由省级教育行政部门统一将考生电子化的综合素质档案提供招生高校。未建立省级统一信息平台的省份,由考生就读中学提供经中学校长签字确认的综合素质档案。综合素质档案须提前在考生就读中学详尽公示。

六、确定录取名单并公示

有关高校将考生高考成绩、高校综合考核结果及综合素质评价情况等按比例合成考生综合成绩(其中高考成绩所占比例不得低于85％)，并根据考生填报志愿，按综合成绩由高到低确定录取名单，提交生源所在省级招办办理录取手续。各省级招办应在提前批次录取开始前完成录取备案。破格录取的考生，按照高校招生简章公布办法进行录取。被录取考生不再参加后续高考志愿录取。有关高校须于7月5日前确定录取考生名单并公示录取标准。

七、严格遵守"强基计划"招生"十严禁"

高校不得发布未经教育部备案的"强基计划"招生简章或进行虚假招生宣传；不得以任何形式组织与"强基计划"招生挂钩的冬令营、夏令营及考核工作，或委托个人或中介组织开展报名、考核等有关工作；高校招生工作人员、专家评委不得参与社会机构组织的各类培训、辅导活动；不得以"新生高额奖学金""入校后重新选择专业"等方式进行恶性生源竞争或向考生违规承诺录取；未经批准不得突破"强基计划"的招生计划录取；不得在发放新生录取通知书或新生入学报到环节更改考生录取专业；通过"强基计划"录取的学生入校后原则上不得转到相关学科之外的专业就读。省级高校招生委员会和省级教育行政部门不得擅自扩大"强基计划"招生高校范围或出台与国家招生政策相抵触的招生办法。省级招生考试机构不得为不符合要求的考生或违反规定程序办理录取手续。有关中学等不得出具与事实不符的考生推荐材料、证明材料等或在考生综合素质档案中虚构事实或故意隐瞒事实。

参考文献

[1] 教育部关于全面深化课程改革落实立德树人根本任务的意见(教基二〔2014〕4 号).

[2] 教育部关于普通高中学业水平考试的实施意见(教基二〔2014〕10 号).

[3] 国务院关于深化考试招生改革的实施意见(国发〔2014〕35 号).

[4] 国家中长期教育改革和发展规划纲要(2010—2020 年).

[5] 关于积极推进高等职业教育考试招生制度改革的指导意见(教学〔2013〕3 号).

[6] 教育部关于普通高中学业水平考试的实施意见(教基二〔2014〕10 号).

[7] 关于进一步减少和规范高考加分项目和分值的意见(教学〔2014〕17 号).

[8] 国务院关于全面加强基础科学研究的若干意见(国发〔2018〕4 号).

[9] 教育部办公厅关于做好 2019 年高校自主招生工作的通知(教学厅〔2018〕14 号).

[10] 教育部关于全面深化课程改革落实立德树人根本任务的意见(教基二〔2014〕4 号).

[11] 山东省深化考试招生制度改革实施方案(鲁政发〔2016〕7 号).

[12] 山东省深化高等学校考试招生综合改革试点方案(鲁政办发〔2018〕11 号).

[13] 山东省 2020 年普通高校招生夏季考试和录取工作实施方案(鲁招考委〔2019〕3 号).

[14] 关于做好山东省 2020 年普通高等学校考试招生报名工作的通知(鲁招考〔2019〕122 号).

[15] 教育部关于在部分高校开展基础学科招生改革试点工作的意见(教学〔2020〕1 号).

[16] 樊本富. 统一高考的回顾与反思——基于公平视野的分析 [J]. 考试研究, 2018(1): 39-44, 48.

[17] 蒋云芳, 徐辉. 新世纪国外高校入学考试政策与实践变革刍议 [J]. 民族教育研究, 2012(2): 124-128.

[18] 高原. 美国当代标准化测试的命运与教育权利的转移——从《不让一个孩子掉队法案》到《每一个学生成功法案》 [J]. 课程·教材·教法, 2016

（9）：121-126.

[19] 李志涛．主要发达国家"高考"科目选择性的比较分析与探讨［J］．全球教育展望，2018（2）：116-128.

[20] 杨志明，范晓玲，周楠．高考综合改革方案的测量学探讨［J］．中国考试，2018（11）：14-18.

[21] 姜钢，刘桔．牢记立德树人使命，写好教育考试奋进之笔［N］．中国教育报，2018-3-3.

[22] 顾明远．跳出框框看文理分科［J］．教育文汇，2009（7）.

[23] 21 世纪核心素养 5C 模型研究报告（中文版）［R］．北京师范大学中国教育创新研究院，2018.

[24] 乔万敏，邢亮．开放式教育：创新型人才培养的新视角［J］．教育研究，2010（10）：88-92；108.

[25] 李木洲，张悦．高考文理不论的历史逻辑与现实意蕴［J］．湖北大学学报（哲学社会科学版），2017（7）：109-110.

[26] 关于进一步减少和规范高考加分项目和分值的意见（教学〔2014〕17 号）.

[27] 边新灿．新一轮高考改革的多视域考察——兼论浙江高考招生制度改革［M］．北京：北京大学出版社，2017：85.

[28] www. eol. cn 中国教育在线 2019 年高招调查报告．

[29] 章建石．一项公平与效率兼备的高考改革为什么难以为继？——标准分制度的变迁及其折射的治理困境［J］．北京师范大学学报（社会科学版），2016（1）：31-41.

[30] 普通高校本科招生专业选考科目要求指引（试行）（教学厅〔2018〕1 号）.

[31] 郑若玲，等．国外高校招考制度研究［M］．杭州：浙江教育出版社，2017.

[32] 中华人民共和国教育部．普通高中课程方案，2017.

[33] 张艳霞．新高考背景下高中生科目选择的影响因素研究——以上海为例［D］．上海：上海师范大学，2019：7-8.

[34] 顾雪英，魏善春．新高考背景下普通高中生涯教育：现实意义、价值诉求与体系建构［J］．江苏高教，2019（6）：44-45.

[35] 关于深化本科教育教学改革全面提高人才培养质量的意见（教高〔2019〕6 号）.

[36] 宋宝和，赵雪．问题导向，统筹兼顾——山东省高考综合改革方案解读［J］．中国考试，2018（5）：1-6.